中国地方政府公共物品供给研究

以非正式制度为视角

王 芳 著

中国社会科学出版社

图书在版编目（CIP）数据

中国地方政府公共物品供给研究：以非正式制度为视角／王芳著.
—北京：中国社会科学出版社，2017.12
ISBN 978-7-5203-1633-0

Ⅰ.①中… Ⅱ.①王… Ⅲ.①地方政府—公共物品—供给制—
研究—中国 Ⅳ.①F20

中国版本图书馆 CIP 数据核字（2017）第 299608 号

出 版 人	赵剑英
责任编辑	冯春凤
责任校对	张爱华
责任印制	张雪娇

出 版	中国社会科学出版社
社 址	北京鼓楼西大街甲 158 号
邮 编	100720
网 址	http://www.csspw.cn
发 行 部	010-84083685
门 市 部	010-84029450
经 销	新华书店及其他书店

印 刷	北京君升印刷有限公司
装 订	廊坊市广阳区广增装订厂
版 次	2017 年 12 月第 1 版
印 次	2017 年 12 月第 1 次印刷

开 本	710×1000 1/16
印 张	9.75
插 页	2
字 数	181 千字
定 价	48.00 元

中文摘要

对于转型期中国地方政府行为的研究，现有文献日益重视正式制度对官员行为的激励和约束作用：以 GDP 为标尺的相对绩效考核制度是改革开放后中国经济成功的决定因素，同时该正式制度也是地方政府忽视公共物品供给的重要原因。即使在考虑了正式制度及社会经济因素之后，本书仍然观察到地方政府在公共物品供给水平上存在着显著的地区和时间差异。然而，对于此差异背后的决定因素，现有文献却考察不足。本书认为，非正式制度是造成该差异的原因。通过采用地区领导人籍贯作为非正式制度的代理并利用1990—2010 年的中国地级市数据，本书系统检验了上述假设。本书发现，和来自外地的地方领导人相比，那些在其籍贯地任职的官员有更大的动力为本地区提供公共服务：本地籍贯的领导在基础教育、公共医疗和环境保护上的财政投入比重显著高于外地籍贯的领导。本书同时发现，公共服务支出份额的增加是以基础设施建设支出的减少为代价的：本地籍贯官员对该项支出的投入比重显著低于外地籍贯官员。同时，利用省级数据及相同的模型设定，本研究也发现非正式制度在省级行政单位依然发挥作用，但作用程度减弱。上述发现彰显出在一个正式制度主导的环境中，非正式制度依然发挥着显著的作用，并在一定程度上弥补了前者的不足。在实证发现的基础上，本书又通过案例分析和访谈进一步考察了非正式制度发挥作用的机制。通过分析两个地级市的本地籍贯领导大力发展民生项目的行为以及普通民众对本地官员和外地官员的看法，本书详细说明了非正式制度对官员行为产生影响的机制，从而为实证分析揭示出的因果机制提供了证据。本书认为，造成上述差异的原因在于：相比于外地官员，本地官员更多地被嵌入当地的人际网络中，出于对本人及本家族在家乡声望的重视，他们会对民生项目有更多的投入。本书对非正式制度及两种制度互动的考察凸显出转型国家内部官员行为丰富的制度动态。

Abstract

Literature on local government behavior in transitional China has primarily examined the impact of formal institutions on the motivations of officials in promoting local economic growth. In particular, investigations focused on how the existing personnel management system provides a "yardstick competition" among local officials and therefore guarantees the success of economic reform. Meanwhile, such formal institutions have similarly been studied for the crucial reason that local government ignores the provision of public goods. Nevertheless, even after controlling the influence of formal institutions and socio – economic factors, variations could still be observed on the level of efforts among local governments regarding the provision of public goods. However, these variations cannot be sufficiently explained by existing literature. This book, based on prefectural data in China in 1990—2010, aims to fill this gap through a systematic examination of the effects of informal institutions on local government behavior, especially the casual relationship between the hometown of officials and the provision of local public goods. This research, based on prefectural data in China in 1990—2010, aims to fill this gap by systematically examining the effects of informal institutions on local government behavior, especially the casual relationship between the hometown of officials and the provision of local public goods. This study finds that holding other variables equal, a native prefectural leader would significantly increase fiscal expenditure rates on basic education, public health, and environmental protection in his jurisdiction, compared with a leader with a different hometown. However, the increased expenditure on public goods impacts those on infrastructure construction, which tends to incur a lower expenditure rate from a local leader compared with that of an official from other prefectures. Meanwhile, using provincial data, this research determines that informal institutions influence the upper - level government, though the effects have weakened. These findings reveal that, in an environment dominated by formal institutions, informal institutions still influence the behavior of officials. In addition, to a certain extent, informal institutions could mitigate the negative effects of formal institutions on the behavior of officials. Based on empirical findings, I used two cases and several interviews with local people and officials to further investigate the mechanism of this influence from informal institutions. By analyzing the efforts of native leaders on promoting the provision of local public goods, this book illustrates the mechanism on how the informal institution shapes the behavior of officials, thereby providing evidence for a casual relationship. I attribute such pattern to the constraints of local reputation imposed on native officials, who would be deeply embedded in local personnel networks and therefore focus on the evaluation from local people. Local reputation thus imposes additional constraints on the behavior of native officials, which serves as a kind of bottom - up accountability. By investigating the effects of informal institutions and the interaction of formal - informal institutions, this book would help deepen our understanding on the dynamics of institutions under transitional China and enable more accurate predictions of political behavior.

目　录

图表目录

第1章 引　言

公共物品供给是维持政权合法性的必要因素，也是社会正常运行的基本条件①。因此，无论在何种政体下，公共物品的供给都是政府治理的重要目标②。在专制政权下，统治者出于增进其利益的目标会提供能够提高领土内生产力的公共物品③。例如，在古代中国，为了满足农业上的需要，朝廷会组织、训练大量人力，甚至依靠军队力量，兴建大型灌溉工程④。出于防御外敌的目的，国家会在边境修建长城等国防设施以保障和平的国内环境⑤。在民主国家内，选举的压力会促使政治家对选民的需求负责，这为公共物品和

①　Christine Moser, 2008, " Poverty Reduction, Patronage, or Vote Buying? The Allocation of Public Goods and the 2001 Election in Madagascar," *Economic Development and Cultural Change* 57 (1): 137 – 162.

②　Lily L. Tsai, 2007, *Accountability without Democracy: Solidary Groups and Public Goods Provision in Rural China*, Cambridge University Press, p. 5.

③　Mancur Olson, 1993, "Dictatorship, Democracy, and Development," *The American Political Science Review* 87 (3): 567 – 576.

④　Jacques Gernet, 1968, *Ancient China from the Beginnings to the Empire*, University of California Press; Karl Wittfogel, 1967, *Oriental Despotism: A Comparative Study of Total Power*, Yale University Press; 参见许倬云:《汉代农业: 早期中国农业经济的形成》, 程农、张鸣译, 江苏人民出版社 1998 年版。

⑤　Owen Lattimore, 1937, "Origins of the Great Wall of China: A Frontier Concept in Theory and Practice," *Geographical Review* 27 (4): 529 – 549; 马大正: 2002, 《中国古代的边疆政策与边疆治理》, 《西域研究》 2002 年第　期。

服务的有效供给提供了保证①。来自文献的证据也表明，在选举制的约束下，公众的政治影响力会促使官员提供教育、医疗服务、公路等公共品②。

对于在不同国家、地区内公共物品的供给水平展现出的明显差异，现有文献大多都从正式制度的角度予以解释。这是因为正式制度是国家规范官员行为、促使其为民众提供公共物品的主要方式③。正式制度，就像 Helmke 和 Levitsky 定义的那样，指的是"那些通过官方渠道产生、表达并执行的规则和程序，包括国家机构（法院、立法机关、官僚机构）以及国家强制执行的规则（宪法、法律、规章）"④。很多针对公共品供给的跨国研究都提出民主制度是决定公共品供给水平差异的核心因素。这些研究发现，相对于威权国家，民主国家的民众享受更高水平的公共服务⑤。这些发现背后的逻辑是：在民主国家，由于选举制度的约束，官员出于获取选民支持以获得连任的动机，会保证公共物品方面的财政支出。在威

① Carles Boix, 2001, "Democracy, Development, and the Public Sector," *American Journal of Political Science* 45 (1): 1 – 17; Robert Deacon, 2009, "Public Good Provision Under Dictatorship and Democracy," *Public Choice* 139 (1): 241 – 262; Joy Marie Moncrieffe, 1998, "Reconceptualizing Political Accountability," *International Political Science Review* 19 (4): 387 – 406.

② David A. Lake, and Matthew A. Baum, 2001, "The Invisible Hand of Democracy," *Comparative Political Studies* 34 (6): 587 – 621.

③ 很多现有文献都认为正式制度是决定官员政治行为的重要因素，参见 John M. Carey, 2000, "Parchment, Equilibria, and Institutions," *Comparative Political Studies* 33 (6 – 7): 735 – 761。

④ Gretchen Helmke and Steven Levitsky, 2004, "Informal Institutions and Comparative Politics: A Research Agenda," *Perspectives on Politics* 2 (04): 727.

⑤ David S. Brown and Wendy Hunter, 1999, "Democracy and Social Spending in Latin America, 1980 – 92," *The American Political Science Review* 93 (4): 779 – 790; Robert Deacon, 2009, "Public Good Provision under Dictatorship and Democracy," *Public Choice* 139 (1): 241 – 262; David A. Lake and Matthew A. Baum, 2001, "The Invisible Hand of Democracy," *Comparative Political Studies* 34 (6): 587 – 621; Michael Ross, 2006, "Is Democracy Good for the Poor?" *American Journal of Political Science* 50 (4): 860 – 874; David Stasavage, 2005, "Democracy and Education Spending in Africa," *American Journal of Political Science* 49 (2): 343 – 358. *The American Economic Review* 88 (5): 1143 – 1162.

权国家，公共物品的受益人——普通民众——的政治影响力小，因此政府官员在提供公共物品上的动力较小[1]。值得注意的是，近期研究，特别是基于威权体制国家的研究，日益重视非正式制度对公共品供给的辅助作用。这里的非正式制度包括庇护关系、裙带关系[2]、宗族组织[3]等，一般是指"社会中共享的规则，它们通常是不成文的，并独立于官方制裁渠道之外"[4]。已有文献认为，当正式制度脆弱时，非正式制度可以代替正式制度增进政府问责，进而激励官员履行其公共义务[5]。

现有的解释公共物品供给水平差异的研究，基本都是独立并行地检验两种制度发挥的作用：一些文献强调正式制度的作用，认为民主制国家相比于威权国家对于鼓励政府供给公共服务的影响；另一些文献则着重检验当一个国家缺乏约束官员行为的正式制度（或这种制度脆弱）时，非正式制度承担公共物品供给责任的角

---

① Carles Boix, 2001, "Democracy, Development, and the Public Sector," *American Journal of Political Science* 45 (1): 1 – 17; Robert Deacon, 2009, "Public Good Provision under Dictatorship and Democracy," *Public Choice* 139 (1): 241 – 262.

② "非正式制度，比如庇护关系、裙带关系、特殊的规范和恩惠，对于政府责任和公共品提供的影响可能会胜过正式制度，尤其是在那些正式制度脆弱和不起作用的非西方的发展中国家里。"参见 Jie Chen and Narisong Huhe, 2010, "Social Networks, Informal Accountability, and Public Goods Provision in Rural China: A Reassessment," SSRN eLibrary。

③ Lily L. Tsai, 2007, *Accountability without Democracy: Solidary Groups and Public Goods Provision in Rural China*, Cambridge University Press; Yusheng Peng, 2010, "When Formal Laws and Informal Norms Collide: Lineage Networks versus Birth Control Policy in China," *American Journal of Sociology* 116 (3): 770 – 805.

④ Gretchen Helmke and Steven Levitsky, 2004, "Informal Institutions and Comparative Politics: A Research Agenda," *Perspectives on Politics* 2 (04): 727.

⑤ Michael Bratton, 2007, "Formal versus Informal Institutions in Africa," *Journal of Democracy* 18 (3): 96 – 110; Lowell Dittmer, Haruhiro Fukui and Peter N. S. Lee, 2000, *Informal Politics in East Asia*, Cambridge University Press; Gretchen Helmke and Steven Levitsky, 2006, *Informal Institutions and Democracy: Lessons from Latin Aamerica*, Johns Hopkins University Press; Guillermo O'Donnell, 1996, "Illusions about Consolidation," *Journal of Democracy* 7 (2): 34 – 51; Lily L. Tsai, 2007, *Accountability without Democracy: Solidary Groups and Public Goods Provision in Rural China*, Cambridge University Press.

色。这忽视了两种制度之间的互动，尤其是，如果一个国家已经拥有强有力的约束官员行为的正式制度，如何进一步解释官员对公共义务履行程度的差异？换言之，当官员行为承受着同等的来自官方渠道的制约和激励时，为何同一政体内部的不同地区公共物品供给水平依然呈现出显著差异？显而易见，对于这两种制度互动的讨论有利于深化对于威权政体下制度动态的理解以及更好地解释官员的行为。

　　本书利用中国的背景来探索以上问题。本书认为有以下意义：首先，中国拥有一套能够有效控制地方官员行为的正式制度，即，人事管理制度，它保证了地方官员行为与中央能够在核心问题上保持一致[1]。现有文献也发现，以 GDP 为标尺的相对绩效考核制度是改革开放后中国经济成功的决定因素[2]。另外，虽然存在一个强有力塑造官员行为的正式制度，已有研究却揭示出，在当代中国，非正式制度依然在各个领域发挥着显著影响[3]。因此，以上这两个场景就为检验两种制度的互动提供了难得的条件。而本书的目的即检验在正式制度约束下，非正式制度对官员行为的影响，以及非正式制度与正式制度的互动。

　　现有与公共物品供给问题相关的研究多数仍然停留在案例研究

　　[1]　Maria Edin, 2003, "State Capacity and Local Agent Control in China: CCP Cadre Management from a Township Perspective," *The China Quarterly* (173): 35 – 52.

　　[2]　Gang Guo, 2009, "China's Local Political Budget Cycles," *American Journal of Political Science* 53 (3): 621 – 632; Pierre F. Landry, 2008, *Decentralized Authoritarianism in China: The Communist Party's Control of Local Elites in the Post – Mao Era*, Cambridge University Press; Hongbin Li and Li – An Zhou, 2005, "Political Turnover and Economic Performance: The Incentive Role of Personnel Control in China," *Journal of Public Economics* 89 (9 – 10): 1743 – 1762.

　　[3]　Victor Nee and Shijin Su, 1996, "Institutions, Social Ties, and Commitment in China's Corporatist Transformation," In *Reforming Asian Socialism: The Growth of Market Institutions*, eds. John McMillan and Barry Naughton. Ann Arbor: The University of Michigan Press; Yusheng Peng, 2004, "Kinship Networks and Entrepreneurs in China's Transitional Economy," *American Journal of Sociology* 109 (5): 1045 – 1074.

或理论叙述的阶段，很少有系统的实证的考察①。而在经济学领域虽然有很丰富的针对中国公共品供给决定因素的系统考察，但是其出发点则来自经济学所关心的传统问题，比如中央地方财政关系对地方政府公共物品供给效率的影响②、对地方政府投资基础设施的影响等③。但诸如问责制、合法性这些政治科学关心的概念却没有被纳入上述分析框架。

　　本书观察到，在当代中国，并不是所有地方领导的籍贯都是他的实际任职地。相对于在异乡任职的官员，那些在其籍贯地任职的官员，其行为除了面临统一的正式约束之外，本地籍贯因素毫无疑问会为其提供一种额外的对当地社区的道德义务，本书认为，出于对本人及本家族声望的重视，本地籍贯因素以问责制的形式影响了官员的行为。本书利用 1990—2010 年中国地市级的数据系统检验了非正式制度对官员公共品供给行为的影响，特别地，本书预期在其他条件保持不变的情况下，本地籍贯的领导相比于外地籍贯的干部能够为其辖区提供更高水平的公共服务。本书的实证证据证实了上述假设，即与一个来自外地的地市级领导相比，那些在其籍贯地

---

　　① Tsai（2007）的实证研究虽然是针对非正式制度对公共物品供给的最直接著作，但是，如同她自己所说，"这种依靠宗族的非正式制度也许只能在基层（如村级或者乡镇一级政府）产生重要影响，而到了市级政府层级以上，非正式制度可能很难继续发挥显著作用"（Tsai 2007，371）。更重要的是，Tsai 所研究的村级政权，在当代中国五级的政府架构中并不属于正式的一级政府，正式制度对村干部的约束程度是有限的，因此，她的研究使人感觉非正式制度只在正式制度脆弱时才有发挥作用的空间。本书的研究建立在地市级数据的基础上，着重于探求正式制度制约下非正式制度发挥作用的空间，因而与 Tsai 的研究有着不同的侧重。参见 Lily L. Tsai, 2007, "Solidary Groups, Informal Accountability, and Local Public Goods Provision in Rural China," *American Political Science Review* 101（02）：355 – 372。

　　② 参见 Loraine A. West and Christine P. W. Wong, 1995, "Fiscal Decentralization and Growing Regional Disparities in Rural China: Some Evidence in the Provision of Social Services," *Oxford Review of Economic Policy* 11（4）：70 – 84；平新乔、白洁，《中国财政分权与地方公共品的供给》，《财贸经济》2006 年第 2 期；陈硕：《分税制改革、地方财政自主权与公共品供给》，《经济学（季刊）》2010 年第 4 期。

　　③ 参见张军、高远、傅勇、张弘《中国为什么拥有了良好的基础设施?》，《经济研究》2007 年第 3 期。

任职的官员在基础教育、公共医疗和环境保护上的财政投入比重显著高于外地籍贯的领导。而公共服务支出份额的增加是以基础设施建设支出为代价的：在本家乡任职的官员对该项支出的投入比重显著低于外地籍贯官员。上述结果显示在一个正式制度主导的环境中，非正式制度依然发挥着显著的作用，并在一定程度上弥补了前者的不足。具体来说，地方官员所面临的非正式约束在一定程度上缓解了由"GDP挂帅"导致的地方政府"重经济、轻文教"的趋势及其负面影响①。对于公共服务的其他决定因素，本书也发现：第一，年龄对教育、医疗卫生、环境保护三项支出均有显著的正向作用。这显示出随着年龄的增加，官员的晋升空间减小，因此，他们通过推动GDP谋求晋升的动力较低，相应地，地方官员会增加那些与晋升考核关系不大的公共品供给水平；第二，领导人的教育程度对教育支出比重有显著的正影响，这表明领导人本身教育程度越高，就更加认同教育会带来积极作用，因此，在其施政时就越重视提高地区内整体教育水平。第三，人均GDP、城市化和人均FDI对上述所有支出指标均有显著的正向作用：一个地级市经济发展程度越高，该市就更加具备财力，因此有条件对公共物品进行更多投入；而随着城市化进程的加快和FDI为地方带来更多的资金和技术，当地对配套公共物品供给水平的需求也相应增加。第四，人口结构对于公共品支出取决具体年龄段比重：其中未成年人人口比重的增加意味着该市需要更多的教育资源，因此会引起该市教育支出比重的上涨；而由于老龄人口需要更频繁的医疗服务，因此，一个地级市老年人比重的增加会使得该地方的卫生支出比重有显著提高。

　　本书对于文献的贡献主要有以下四点：第一，在本书的分析框

––––––––––––––––––––

　　① 文献认为，由于基础设施建设能够促进地方GDP增长，因而地方官员出于晋升的动机会大力推进地方基础设施建设。参见张军、高远、傅勇、张弘《中国为什么拥有了良好的基础设施？》，《经济研究》2007年第3期。

架中，正式制度和非正式制度不是一个非此即彼的故事①。虽然这些正式制度依然承担着决定地方公共品供给的主要角色，但研究发现，即使是在一个正式制度的框架下，非正式制度依然能够发挥显著的作用，同时非正式制度和正式制度之间还存在着互动。第二，长期以来，很多学者注意到中国政治运行当中有很多"潜规则"②，但这些著作没有超越案例研究或者论述的范畴。本书则在一定程度上阐明了这些非正式的制度或者规则发挥作用的逻辑。第三，本书的结果促使学者重新思考官员避籍制度，虽然该制度的优点已经被文献充分的讨论，如，防止官员依靠当地势力结党营私、预防腐败等③。本书结果则揭示出官员在其籍贯地任职对当地庶民起到的正面作用。第四，本书利用地市级数据，而非大多数研究采用的省级数据，增加了地区上的差异，易于识别出因果关系。

本书的组织如下：第二章介绍本书的研究背景：当代中国约束官员行为的正式及非正式制度。其中第一小节介绍总体意义上的制度的相关概念，包括正式制度与非正式制度对个体行为的约束及二者的划分标准，并重点讨论非正式制度对个人选择的约束机制。随后的第二小节介绍当代中国约束官员行为的正式制度，即干部人事制度，及其对改革时代的中国所产生的影响，最后指出这种正式制度在地方官员公共物品供给行为上造成的约束。第三小节综述现有

① Tsai（2007）提出，当正式制度脆弱时，非正式制度可以激励地方官员履行他们的公共义务。她的研究让人感觉基层村庄是非正式制度主导，而村庄以上的正式政府层级都是正式制度主导。一方面，村级以上的官员承受更直接地来自官方渠道的约束；另一方面，关于公共物品供给的法律法规都是规定县级以上政府的职责，未对基层公共物品供给提出详细规定。参见 Lily L. Tsai, 2007, "Solidary Groups, Informal Accountability, and Local Public Goods Provision in Rural China," *American Political Science Review* 101 (02): 355 – 372.

② "中国社会在正式规定的各种制度之外，在一种明文规定的背后，实际存在着一个不成文的又获得广泛认可的规矩，一种可以称为内部章程的东西。恰恰是这种东西，而不是冠冕堂皇的正式规定，支配着现实生活的运行。"——吴思（2001：3）。

③ 刘建基《中国古代吏治札记》，社会科学文献出版社 2005 年版，第 126 页；徐银华、石佑启、杨勇萍：《公务员法新论》，北京大学出版社 2005 年版，第 231 页。

文献中所涉及的约束当代中国官员行为的非正式制度。最后提出本书的研究假设。第三章聚焦于本研究的因变量——公共物品供给，将重点介绍当代中国公共物品供给的基本状况及关于公共品供给的现有研究。其中第一小节介绍中国地方政府的概况，包括各级政府的性质、地位和职能，随后将重点放在地级市政府，重点介绍地级市这一层级政府的历史沿革及其决策过程。第二小节考察地方政府在公共物品供给方面的责任、公共物品方面的法律规定及公共物品供给的渠道，第三小节将回顾经济学领域关于中国公共物品供给的文献并指出现有文献的缺陷。第四章考察本研究的核心自变量——领导人籍贯，着重讨论本地籍贯如何对官员行为施加非正式约束。第一小节先介绍籍贯的基本含义并讨论中国在官员管理过程中对官员籍贯的态度，即，帝制中国和当代中国实行的官员避籍制度，重点放在制度的原因及其弊端。第二小节介绍现有文献中涉及的领导人个人特质与公共物品供给关系的研究，这一部分里作者将着重观察领导人为本家乡提供公共物品的内在动因。第五章是定量分析，其目的是用系统数据检验因果关系。在这章中，本书首先介绍实证分析采用的数据，然后介绍回归方法及讨论结果。第六章为案例研究，这一部分选取了两个案例以进一步考察非正式制度作用的机制，分别是山东省东营市和甘肃省兰州市。通过分析这两个地级市本地籍贯领导大力发展民生项目的行为，本书详细说明了非正式制度对官员行为产生影响的机制。随后本书又通过四个访谈，揭示出普通民众和地方官员对本地官员和外地官员施政倾向的看法。本章的案例分析和访谈资料为实证分析揭示出的因果机制提供了证据。最后是本书结论，在这一部分里，对本书的研究发现进行总结，并且指出本研究的贡献。

第2章 制度及官员行为：一个综述

本章将综述关于制度、正式制度和非正式制度的现有研究，并在此基础上提出本书的研究问题。其中第一小节介绍总体意义上的制度的相关概念，旨在厘清正式制度与非正式制度二者的界限，并着重阐释非正式制度对个人行为的约束机制；随后的第二小节论述当代中国约束官员行为的正式制度，即干部人事制度，及其对改革时代的中国所产生的重要影响，最后指出这种正式制度在地方官员公共物品供给行为上施加的作用；第三小节讨论现有文献中所涉及的约束当代中国官员行为的非正式制度，如关系、宗族和派系对官员的影响。本章结尾部分提出本书的研究假设。

2.1 制度

为了更好地解释官员行为，在这一小节里，作者将对影响个人行为的各种机制做一简要总结，并重点考察非正式制度是怎样约束行为者的个人选择的。文献上对非正式制度、正式制度的定义和内容有着不同的阐释，有一些研究则不用"制度"这个词而采用"规则"等其他近似的概念来描述这些行为准则。因此，在开始讨论非正式制度的作用机制之前，本书首先回顾一下文献上是如何对制度、规范等概念进行定义的，随后作者将这些概念进行总结，给出本研究所采用的正式—非正式制度的划分标准。接下来本书重点探讨非正式制度影响个人选择的作用机制。

2.1.1 正式—非正式制度的划分标准

首先看一下集中于"制度"的文献。关于"制度"的研究是传统政治学研究的核心之一[①]。自 20 世纪 70 年代起，North 在经济史领域引入了制度的分析，从而使得制度研究在学界引起了广泛重视。依照 North 的定义，制度是一个社会的游戏规则，更正式地说，制度是一种人为制定的约束，用以规范人们在政治、社会和经济方面的互动[②]。制度的功用是促成交换，人们制定制度是为了创建秩序和减少交换中的不确定性[③]。因为，相比于没有制度的世界，约束可以降低人类互动的成本[④]。North 将制度分为正式和非正式两种，正式制度包括人类制定的规则，如，宪法、法律和产权，非正式制度包括制裁、禁忌、习俗、传统和行为准则[⑤]。在正式—非正式的分类之外，North 还对非正式制度的形式做了更细致的划分，他提出，非正式制度可能以以下三种形式存在：（1）非正式制度充当正式规则的延伸、阐扬和修正。在这种情况下，它们可能是在某一特定人群内部公认的办事模式，即使这些准则从未被纳入正式的规则中来；（2）非正式制度作为社会制裁约束的行为规范而存在。在这个场景下，非正式制度可能会驱使人们为了获得良好的社会舆论而作出某些个人选择；（3）内部自我执行的行动标准。这个层面指的是个人会出于某种信念或认同而行动，甚至会

① Sue E. S. Crawford and Elinor Ostrom, 1995, "A Grammar of Institutions," *The American Political Science Review* 89（3）: 582..

② Douglass C. North, 1990, *Institutions, Institutional Change, and Economic Performance.* New York: Cambridge University Press, p. 7; Douglass C. North, 1991, "Institutions," *The Journal of Economic Perspectives* 5（1）: 97.

③ Douglass C. North, 1990, *Institutions, Institutional Change, and Economic Performance,* New York: Cambridge University Press, p. 3, 4, 47.

④ Douglass C. North, 1990, *Institutions, Institutional Change, and Economic Performance,* New York: Cambridge University Press, p. 36.

⑤ Douglass C. North, 1991, "Institutions," *The Journal of Economic Perspectives* 5（1）: 97.

有悖于财富最大化的考量①。总体来讲，North 对制度的归类方法是归纳型的，他并没有为正式制度与非正式制度，以及非正式制度内部的分类提出一个明确的界定标准。除了 North 的研究之外，关于正式制度和非正式制度的讨论在文献上还有很多。然而，大多数文献在谈到正式制度与非正式制度的分别时，给出的标准也较为含糊。比如，Pejovich 简单地将非正式制度与文化传统等同起来，他认为，非正式制度是"传统、习俗、道德价值、宗教信仰以及其他经历了时间考验的行为规范……因此，非正式制度是我们称其为文化的社区遗产的一部分"②。另外一些研究采用"国家—社会"的分法，将国家机关和由国家执行的规则称为正式制度，而公民社会内部的规则和组织则被称为非正式制度③；其他一些文献则提出非正式制度是自我执行的，而正式制度是由第三方执行的，且第三方的角色通常由国家扮演④。以上每一种分类方法都不能将正式制度与非正式制度做出清晰的区分，North 和 Pejovich 采用的是归纳法，没有对"正式制度—非正式制度"提出抽象的划分界限，Tsai和 Knight 虽然显示出以制度执行方为界限的区分标准，然而没有对不同执行方的角色做出明确的界定。

Ellickson 的关于个人行为准则的研究试图构建一个详细的分类标准，他从个人行为控制者的角度对不同的行为准则做出了归类⑤。从表 1 中，作者看出，Ellickson 将社会中的各种规则分为了

① 道格拉斯·诺斯：《制度、制度变迁与经济成就》，刘瑞华译，台北：时报文化出版企业有限公司 1994 年版，第 51—52 页。

② Svetozar Pejovich, 1999, "The Effects of the Interaction of Formal and Informal Institutions on Social Stability and Economic Development," *Journal of Markets & Morality* 2（2）：166。

③ Lily L. Tsai, 2007, "Solidary Groups, Informal Accountability, and Local Public Goods Provision in Rural China," *American Political Science Review* 101（02）：355 – 372.

④ Jack Knight, 1992, *Institutions and social conflict*, New York：Cambridge University Press.

⑤ Robert C. Ellickson, 1991, *Order without Law：How Neighbors Settle Disputes*, Mass. ：Harvard University Press.

五类：其中一类为第一方控制；一类为第二方控制；一类为第三方控制：他称由第一方控制者发布的规则为个人伦理；第二方控制者发布的为合约；在由第三方控制者发布的三种规则中，将由社会力量发布的称为规范，将由组织发布的称为规则，将由政府发布的称为法律①。Ellickson 的归纳基本上涵盖了社会中存在的大多数约束人类行为的准则。然而，在 Ellickson 的分析中，他始终倾向于用"规则"等概念来描述人的行为规范，而从未使用"正式制度—非正式制度"这一框架。

表 2.1　　　　　　　　一个社会控制全面体系的诸多因素

	控制者		规则	制裁
1	第一方控制 行动者		个人伦理	自我制裁
2	第二方控制 根据合约的行动者		合约	个人自助
3	第三方控制	社会力量	规范	替代自助
		组织	组织规则	组织执法
		政府	法律	国家执法

来源：罗伯特·C. 埃里克森：《无需法律的秩序：邻人如何解决纠纷》，苏力译，中国政法大学出版社 2003 年版，第 159 页。

相比之下，Helmke and Levitsky 对正式制度与非正式制度的定义则显得比较严谨和明确，他们以"制度的官方制裁渠道"作为正式制度与非正式制度的分界线，并具体地指明官方制裁渠道所指的是"法院、立法机关和官僚机构"，详细来说，Helmke and Levitsky提出，正式制度指的是那些"通过官方渠道产生、表达并执行的规则和程序，包括国家机构（法院、立法机关、官僚机构）

① Robert C. Ellickson, 1991, *Order without Law: How Neighbors Settle Disputes*, Mass.: Harvard University Press, p. 127.

以及国家强制执行的规则（宪法、法律、规章）"①。相对应地，他们将非正式制度定义为"社会中共享的规则，它们通常是不成文的，并独立于官方制裁渠道之外"②；本书将基于 Helmke and Levitsky所提出的标准对正式制度和非正式制度做出区分：在制度的产生渠道方面，以"官方"和"社会"作为正式—非正式制度的划分标准；在制度的制裁途径方面，正式制度主要依靠国家机构和成文的法律法规得以执行，非正式制度没有成文法进行参照，其执行主要依赖社会中民众的监督。

2.1.2　非正式制度发挥作用的机制

在确定了正式制度与非正式制度的划分标准之后，下面本书重点讨论非正式制度对人的行为的约束机制，即，非正式制度是怎样影响个人做出行为选择的。具体来说，作者将探讨遵循或违反非正式制度的人会受到怎样的奖励和处罚。相比于非正式制度，正式制度往往以成文的形式明确地规定了人们在进行交往时的行为准则，同时，这些正式的规则也对违规者该受到何种处罚做出了明确的规定，并通过国家机构、法律等官方渠道保证实施。由于缺乏像正式制度那样简单而直接的制裁方法，要解释非正式制度的制裁渠道就显得困难许多。Ellickson 指出："证明法律规则之存在通常要比证明规范之存在更容易。法院的判决摘要和警察的报文就揭示了执行法律的努力……规范则更难验证，这是因为规范之执行是高度非中心的，并且没有一些具体的个体享有特别权威来宣布规范"③。这说明了非正式制度制裁主体的构成往往较为模糊。虽然非正式制度

---

① Gretchen Helmke and Steven Levitsky, 2004, "Informal Institutions and Comparative Politics: A Research Agenda," *Perspectives on Politics* 2 (04): 727.

② Gretchen Helmke and Steven Levitsky, 2004, "Informal Institutions and Comparative Politics: A Research Agenda," *Perspectives on Politics* 2 (04): 727.

③ Robert C. Ellickson, 1991, *Order without Law: How Neighbors Settle Disputes*, Mass.: Harvard University Press

并没有一套像正式制度那样明确的惩罚机制，但是如果人们违背它们依旧会付出代价。Axelrod 关于社会规范的研究就指出了非正式制度对于违规者的惩罚。他谈道："通常情况下，在一个既定的社会环境中，规范在这样一种特定的程度下存在：即，个体通常以某种特定的方式行事，并且如果不是以这种方式行事的话会被惩罚"①。在讨论行为者服从非正式制度的原因时，他提出，人们遵守一项规范的一个重要的和主要的原因是，违反它将会提供一种负面的信号，而且，对于一项规范的违反不仅仅是对违规者和其他人产生影响的一次性事件，也是一个包含着关于违规者在未来很多情况下的行为的信号②。总之，对规范的不服从很可能会使人们对违规者造成一种负面的行为预期，这使得人们对他的认同感降低，从而使其在今后的社会生活中付出代价，除了可能会使其丢掉社区的信任、声誉等，还可能会导致他失去切实的利益，比如，失去潜在的机会等。Ellickson 的研究分析了美国夏斯塔县牧人利用非正式规范协调越界牲畜争端的案例，他的研究虽然没有采用非正式制度的分析框架，但是充分表明了不成文的社会规则的重要性。他指出，在某些情况下，法律不一定是保持社会秩序的核心，非正式制度对人们行为的约束能力甚至会超过正式制度。他发现，在夏斯塔县，每当出现牲畜走失的现象时，牧场主们会主动承担离散牲畜的暂居费用，这种做法成了一种不成文的规范。尽管夏斯塔县的牧场主经济上并不宽裕，甚至有些牧场主知道自己在法律上有权获得饲养补偿费，但是，牧场主不会选择向离散牲畜的主人索取赔偿或者诉诸法律，这已经成为了一种非正式制度。对那些不遵循这种非正式规范的违规者，他们可能会受到如下惩罚，这些反制措施按照严厉程度的增加来排序是"（1）自力报复；（2）上报县主管部门；（3）

① Robert Axelrod, 1986, "An Evolutionary Approach to Norms," *The American Political Science Review*, Vol. 80, No. 4 (Dec., 1986), p. 1097.

② Robert Axelrod, 1986, "An Evolutionary Approach to Norms," *The American Political Science Review*, Vol. 80, No. 4 (Dec., 1986), p. 1107.

非正式提请赔偿请求，但无律师协助；以及（4）有律师协助的赔偿请求"①。Ellickson 提出，这种非正式的规范之所以能够对人们的行为产生重要的约束，主要源于农村社会的一个基本特征，即，因为夏斯塔县的居民相互交往的方面很多，并且大多数居民都预期这些互动会持续到未来。他们在水源供应、受控烧荒、栅栏修补、社会事件、消防志愿人员更替等诸如此类的问题上都有来有往。当人口密度很低时，各个邻居就显得更突出了。因此，同邻居发生的任何越界纠纷几乎肯定就是，但也仅仅是，其全面交织的持续关系中的一根线②。违背规范行事既有可能使牧场主在今后可能进行的交往中丧失潜在的机会，又有可能使他们承受因社会舆论而带来的心理压力。因此，为了在今后可能进行的交往中占得优势，在处理越界纠纷时，牧场主会自觉地遵循非正式的规范，妥善地安顿离散牲畜。相似地，Pejovich and Svetozar 的研究也总结了非正式制度的执行方式，他们提出，那些违反非正式规则的人会承受以下的处罚方式，即，被社区驱逐、遭受朋友和邻居的排斥以及名誉损失③。

　　由此看来，非正式制度发挥作用是有着特定条件的：非正式制度往往在那些人与人之间交流频繁的地域范围内，对人行为的约束作用较大。这是因为，在这些地方，人与人之间存在着多次利益交换的可能性，在这种情况下，行为者某一次行为的不合规范对他的影响可能是深远的，因为其日后还会与同样的人群进行多次交往。因此，从长远利益考虑，个体还是会选择去遵循那些社会中共享的规则，虽然它们在明文的法律规范中没有体现。

　　通过本小节的分析，可以看出，正式制度与非正式制度对个人

---

　　①　罗伯特·C. 埃里克森：《无需法律的秩序：邻人如何解决纠纷》，苏力译，中国政法大学出版社 2003 年版，第 68 页。

　　②　同上书，第 66—67 页。

　　③　Pejovich, Svetozar, 1999, "The Effects of the Interaction of Formal and Informal Institutions on Social Stability and Economic Development," *Journal of Markets & Morality* 2 (2): 166.

行为约束的表现形式和执行方式都有着显著的分别。在下面两小节中,本书将考察约束当代中国地方官员行为的正式制度和非正式制度,并在此基础上提出本书的研究假设。

2.2 正式制度与官员行为

在了解了制度在一般意义上的含义以及正式制度和非正式制度是如何影响个人行为等问题之后,下面作者将重点转移到约束当代中国官员行为的正式制度上来。在这一小节,作者将具体介绍制约当代中国官员行为的正式制度及其特点,最后指出其对地方官员公共物品供给行为的影响。

2.2.1 当代中国的人事管理制度

当代中国拥有一套严格控制官员行为的正式制度,即干部人事管理制度。依靠这种正式制度,中央可以实现对官员行为的有效约束,使得官员的个人选择与中央追求的政策目标达到一致。下面看一下中国的干部人事管理制度是如何对官员行为产生影响的。

当代中国干部人事管理制度的根本原则是党管干部[①]。在这个原则下,党掌控着官员从任命、奖励到惩罚的各项权力。党管干部是共产主义国家(如苏联、东欧各国以及中国)普遍采用的一种人事知己体系(Nomenklatura),这个名词起源于俄语,本意是"一个依据资历排序的职务名称表,内容包括对每一个位子职责的描述。这个职务名称表的政治重要性在于它包含了在所有社会生活

_____

① 谢庆奎、杨凤春、燕继荣:《中国大陆政府与政治》,台北:五南图书出版股份有限公司 2005 年版,第 343 页。通常情况下,"党管干部"一词在英文文献中对应的词是"Nomenklatura"。参见钟开斌,《中国中央与地方关系基本判断:一项研究综述》,《上海行政学院学报》2009 年第 3 期。

的有组织的活动中最重要的领导职位"①。"在中国，中央委员会、各个地方党委以及一些党派都有这样的职务名称表，描述了党委所管理的各个职位。那些列在职务名称表上任何党和国家领导的任命、晋升、调任或免职都必须获得其主管党委的批准。"② 改革开放以后，中央对干部管理的权限呈逐渐下放的趋势：在 1980 年以前，凡属担负全国各个方面重要职务的干部，均由党中央管理；到了 1980 年，管理权限变为上级党政机关一般只下管两级机构中担任主要领导职务的干部；而 1984 年以后，原来的下管两级原则又进一步改为下管一级，这一原则沿用至今③。虽然在改革时代干部管理权限呈现出逐步下放的趋势，然而中央对干部的任免却从未削弱。举例来说，在干部管理权限变为"下管一级"之后，中央组织部虽然放弃了对局级干部任命环节的直接任免，然而为了防止官员的地方主义倾向，组织部仍然对局级干部任命保留"否决权"④，实质上中央还是牢牢控制着干部任免。因此，在不同时期，中央对干部的管理只是在手段上进行调整，力度上从未减弱。一种观点认为，在毛泽东时代中央对官员的管理主要是通过"任命"手段，因为通过任命过程本身就可以排除掉那些意识形态上不可靠的干部；而在改革时代，由于意识形态重要性的下降以及地方官员偏离中央政策的动机的增强，再加上中央直接管理的任命位子越来越少，干部管理的重点转移到确保在干部被任命后能够服从中央的政

---

①　Bohdan Harasymiw, 1969, "Nomenklatura: The Soviet Communist Party's Leadership Recruitment System," *Canadian Journal of Political Science* 2 (4): 494.

②　Melanie Manion, 1985, "The Cadre Management System, Post - Mao: The Appointment, Promotion, Transfer and Removal of Party and State Leaders," *The China Quarterly* 102: 312 - 313.

③　参见谢庆奎、杨凤春、燕继荣《中国大陆政府与政治》，台北：五南图书出版股份有限公司 2005 年版，第 344—345 页。

④　Yasheng Huang, 1995, "Administrative Monitoring in China," *The China Quarterly* 143: 829.

策，与上级保持一致上①。

在当代中国，做到确保各级官员与中央的政策目标保持一致并不容易。当代中国拥有五层行政架构及一个庞大的行政系统②。与各层级的政府部门相对应，从中央到地方各级政府官员也有着详细的层级划分。国务院的职位构成为：总理、副总理若干人、国务委员若干人、各部部长、各委员会主任、审计长、秘书长③。国务院设副秘书长若干人，协助秘书长工作。各部设部长1人，副部长2—4人；各委员会设主任1人，副主任2—4人，委员5—10人；国务院直属机构和办事机构设负责人2—5人。省、自治区、直辖市、自治州、设区的市人民政府分别由省长、副省长，自治区主席、副主席，市长、副市长和秘书长、厅长、局长、委员会主任等组成。县、自治县，不设区的市、市辖区的人民政府分别由县长、副县长，市长、副市长，区长、副区长和局长、科长等组成。乡、民族乡的人民政府设乡长、副乡长，镇人民政府设镇长、副镇长。国务院各部、委员会以及直属机构、办事机构，一般内设司（局）、处两级。省、自治区、直辖市各厅（局）内设处、科。省辖市、自治州政府设局，局内设科。县政府各工作部门是科（局），较大的科（局）内设股（或队）。乡政府原则上不设工作部门，根据职位性质和需要设若干科员或办事员职位④。政府的公务员职位从高到低共分为12个层次，表2.2显示出在中国各个层级政府中官员职务的对应关系。

---

① Yasheng Huang, 1995, "Administrative Monitoring in China," *The China Quarterly* 143: 831.

② 参见 Yasheng Huang, 2002, "Managing Chinese Bureaucrats: An Institutional Economics Perspective," *Political Studies* 50: 61 – 79.

③ 《中华人民共和国宪法》第八十六条，http://www.gov.cn/gongbao/content/2004/content_ 62714. htm.

④ 参见溪流《中国公务员制度》，清华大学出版社2002年版，第21页。

表 2.2 各级政府的职务及对应关系

中央	省、自治区、直辖市	自治州、省辖市、行署	县、自治旗	乡镇
国务院总理				
国务院副总理 国务委员				
委员会主任 部长 秘书长、审计长 中国人民银行行长	省长 自治区主席 直辖市市长			
委员会副主任 副部长 副秘书长 副审计长 办事机构主任 中国人民银行副行长 参事室主任	副省长 自治区副主席 直辖市副市长 副省级城市市长			
司长、局长、主任 直属局副局长 办事机构副主任 巡视员	厅长、局长 办公厅主任 副省级城市副市长 巡视员	州长、市长 盟长、专员		
副司长、副局长 助理巡视员	副厅长、副局长 办公厅副主任 助理巡视员	副州长、副市长 副盟长、副专员		
处长、调研员	处长、调研员	处长、调研员	县长、市长	
副处长、助理调研员	副处长、助理调研员	副处长、助理调研员		
主任科员	主任科员	主任科员	局长 委员会主任	乡长 镇长

续表

中央	省、自治区、直辖市	自治州、省辖市、行署	县、自治旗	乡镇
副主任科员	副主任科员	副主任科员	副局长、委员会副主任	副乡长、副镇长
科员	科员	科员	股长、科员	科员
办事员	办事员	办事员	办事员	办事员

来源：溪流：《中国公务员制度》，清华大学出版社 2002 年版，第 21—22 页。

　　除了公务员的职务分别之外，公务员还有级别上的区分。也就是说，同一职务的公务员，其级别可能是有差异的。公务员的级别，在其职务所对应的级别范围内，参考本人的资历和学历等因素来确定。如，刚从学校毕业新参加工作的公务员，根据其学历不同，所定的级别也不同。初中、高中、中等专业学校毕业的，定为 15 级；大学本科毕业的定为 14 级；获双学士学位、研究生班毕业或未获得硕士学位的研究生，定为 13 级；获硕士学位的研究生，定为 12 级；获得博士学位的博士生，定为 11 级①。公务员的级别共分 15 级，分别与公务员的 12 个职务等次相对应。各职务等次对应的级别之间相互交叉。每一职务对应 1—6 个级别，职务越高对应的级别越少，职务越低对应的级别越多。例如，总理对应 1 级；副总理至副部长各对应 2 个级；正司长至副司长各对应 3 个级；正处长至正科长各对应 4 个级；副科长对应 5 个级；科员至办事员各对应 6 个级（见表 2.3）②。

---

① 溪流《中国公务员制度》，清华大学出版社 2002 年版，第 28 页。
② 同上书，第 26—27 页。

表2.3　　　　　　　　　级别与职务对应关系

国务院总理	1 级
国务院副总理、国务委员	2—3 级
部级正职、省级正职	3—4 级
部级副职、省级副职	4—5 级
司级正职、厅级正职、巡视员	5—7 级
司级副职、厅级副职、助理巡视员	6—8 级
处级正职、县级正职、调研员	7—10 级
处级副职、县级副职、助理调研员	8—11 级
科级正职、乡级正职、主任科员	9—13 级
科级副职、乡级副职、副主任科员	9—13 级
科员	9—14 级
办事员	10—15 级

来源：溪流，2002，《中国公务员制度》，北京：清华大学出版社，第27 页。

　　公务员除了纵向的级别划分之外，在中央以下，所有官员还可以分为两类：即，职能部门官员（图 2.1 左列）与地方政府部门官员（图 2.1 右列）[1]。职能部门包括国务院直接领导的财政部、国家发展和改革委员会、环境保护部等，以及这些职能部门设置在地方的局、处、科等机构，又称"条"[2]。地方政府部门指的是中央以下的省、市、县、乡各级政府机关，又称"块"[3]。职能部门的官员与地方政府部门的官员有着不同的特点。职能部门的官员任务相对单一和明确。比如，财政部及其在地方上相应的机构专门负

---

　　[1]　Huang Yasheng 把职能部门和地方政府部门这两种类型的官员称为"单一任务官僚"和"多重任务官僚"（Huang，2002：67—68）。关于中央及以下各级官员的分类，还有其他分法，如，按北京和地方，按党和行政等。

　　[2]　李侃如：《治理中国：从革命到改革》，杨淑娟译，台北："国立"编译馆，1998 年版，第167 页。

　　[3]　同上。

责与财政、税收相关的工作；教育系统的各部门则主管教育方面的相关事宜。而地方政府部门往往面临着多重的工作目标，一个地方政府一把手的工作任务包括经济发展、基础教育、公共医疗等诸多方面。特别是，有时候一个任务的完成必须以牺牲另外一个任务为代价，比如，发展工业与恪守环保条例两个任务就是相冲突的①。基于以上这些特点，对职能部门的官员来说，其工作成果比较容易被衡量，而地方政府官员的工作则相对难以被量化。同时，对中央来说，确保地方政府官员与中央政策目标保持一致要比管理职能部门官员的难度更大。这些差异决定了两类官员在管理手段上也是有分别的。对职能部门的官员来说，上级对其的控制手段相对简单，包括直接下达指示，对显著失职的官员进行处分等②。相比之下，对地方政府官员的控制手段则比较复杂。

图 2.1　中央—地方机构划分

　　本书的研究重点是地方政府官员行为，因此下面重点阐述约束

①　Yasheng Huang, 2002, "Managing Chinese Bureaucrats: An Institutional Economics Perspective," *Political Studies* 50: 69; Xueguang Zhou, 2010, "The Institutional Logic of Collusion among Local Governments in China," *Modern China* 36 (1): 58.

②　Yasheng Huang, 2002, "Managing Chinese Bureaucrats: An Institutional Economics Perspective," *Political Studies* 50: 69.

地方政府官员行为的干部人事管理制度。由于不同级别的地方政府官员面临的目标不同，他们所承受的控制手段也是不同的。下面本书将分别考察省级官员和省以下地方官员的管理制度。先来看一下中央对省级官员的约束手段。中央对省级官员的控制主要是通过中央对人事决定权的掌握实现的。省委书记和省长由中央政治局和中共中央组织部一起任命①。作为中央以下最高层级的官员，省级官员面临的任务更加具有多样性，而且他们手握重权，又远离中央。这些特点使得中央对他们的管理包含两个主要方面：第一是遏制省级领导的地方主义倾向，防止地方势力过大进而挑战中央权威；第二是使省级官员在面临多重的政策目标时，其工作重心与中央的偏好保持一致②。为了实现这两个目标，中央在对省级官员的人事控制上主要采取了以下几类措施③：（1）协调省级官员在中央的兼职。省级官员在中央有三种可能兼职的职位：中央委员、中央候补委员及政治局委员。中央通过协调省级官员在这三类职位中所占的比例，达到削弱省级官员权力、使其服务于中央偏好的目的④。

---

① Yasheng Huang, 2002, "Managing Chinese Bureaucrats: An Institutional Economics Perspective," *Political Studies* 50: 70.

② Chenggang Xu, 2011, "The Fundamental Institutions of China's Reforms and Development," *Journal of Economic Literature* 49 (4): 1076 – 1151; Yasheng Huang, 2002, "Managing Chinese Bureaucrats: An Institutional Economics Perspective," *Political Studies* 50: 69 – 74.

③ Yasheng Huang, 2002, "Managing Chinese Bureaucrats: An Institutional Economics Perspective," *Political Studies* 50: 69 – 74.

④ Sheng (2005) 的研究区分了中央委员会的三种会员身份，他的研究发现，1978—2002 年省级官员在中央委员中的席位减少了，而在中央候补委员和中央政治局委员的席位却增加了。由于传统上中央委员是代表地方讨价还价权力的重要指标，所以这种变化趋势显示出省的影响非常有限，现行的人事管理体系可以有效地控制省级官员。参见 Yumin Sheng, 2005, "Central – Provincial Relations at the CCP Central Committees: Institutions, Measurement and Empirical Trends, 1978—2002", *The China Quarterly* 182: 338 – 355. 另外，Huang (2002) 的研究提出，对省级官员的隐性控制手段之一是让省级官员兼任中央政治局的职务。由于在中央有职位，出于其职业前景的考虑，省官员会更多地体现中央的利益偏好，而不是本地域的利益。参见 Yasheng Huang, 2002, "Managing Chinese Bureaucrats: An Institutional Economics Perspective," *Political Studies* 50: 69 – 74。

（2）缩短官员的任期，包括增加省级官员的任命频度和轮换的力度。中央通过增加官员更替率使得省级官员在该地任期缩短，这样一来，官员无法建立起对这个职位的身份认同，也就不会形成地方政治联盟以挑战中央权威。（3）为省级官员提供晋升到中央的机会。受晋升动机的驱使，省级官员会将中央的优先政策放在工作的首要位置。在经济改革时代，经济发展是国家各项工作的中心。因此，经济发展指标是决定省级官员升迁的核心因素。很多文献指出，省级官员的晋升与其在经济上的表现是正相关的①。

相比较省级官员，地方官员面临的任务则相对明确，对地方官员的治理方法也更加制度化。对省以下官员的管理，上述提到的与人事任免相关的手段仍然适用，包括通过晋升激励下级官员服从上级的决定，通过轮换防止地方主义等。除此之外，为了有效地对省以下的领导干部进行控制和监管，国家建立了一套被称为"干部岗位目标管理责任制"的制度。岗位责任制自 1982 年起在地方试行。1982 年 12 月，劳动人事部下发《关于建立国家行政机关工作人员岗位责任制的通知》，要求各级人事部门积极协同政府各部门做好建立和健全岗位责任制的工作。通知规定，岗位责任制要同考核制度、奖惩制度以及工资制度的改革紧密结合。执行岗位责任制的效果将作为考核和奖惩工作人员的依据②。岗位目标管理责任制是一种行政与干部管理方法。它是指一定的较大的组织系统，通过对工作总目标、总任务的科学规定，完成时限要达到的结果，按各自岗位逐级地进行目标分解，以此引导和激励执行任务的全部承担者朝着总目标共同体努力，以求获得预期目标最优效益的管理方法。岗位目标管理责任制的基本特点是：第一，岗位—目标—责任

① Zhiyue Bo, 2002, *Chinese Provincial Leaders: Economic Performance and Political Mobility since* 1949, Armonk, N.Y. : M. E. Sharpe; Hongbin Li and Li - An Zhou, 2005, "Political Turnover and Economic Performance: The Incentive Role of Personnel Control in China," *Journal of Public Economics* 89 (9 - 10): 1743 - 1762.

② 劳动人事部：《关于建立国家行政机关工作人员岗位责任制的通知》1982 年。

三者的有机结合。第二，总目标—分目标—个人目标之间的有机结合。第三，岗位目标的具体量化，为干部考核工作的有序性和科学性提供保证。由于岗位目标管理责任制规定的各级岗位目标是具体的和量化的，这就为有序性、科学性的考核工作提供保障。岗位目标管理责任制的考核重点，不仅要考核各级干部履行岗位职责的情况，而且要着重考核完成目标任务的情况，即考核目标任务完成的数量、质量、时间和效果等具体目标，还要具体分析完成目标的主客观条件①。对于考核官员的标准，2006 年施行的《中华人民共和国公务员法》上有一些总体性原则，包括：对公务员的考核应从"德、能、勤、绩、廉"五个方面进行②："所谓德，主要包括干部的政治素质、思想品德、工作作风、职业道德等方面。所谓能，即智能，主要是指干部的智力和才能。能力的考核主要包括：学识水平、工作能力、身体素质。所谓勤，就是考核干部的出勤情况、工作态度和工作效率。所谓绩，就是干部的工作成绩，即完成工作数量、质量、效率及其经济价值和社会价值、对社会主义现代化建设的直接和间接贡献。"③ 公务员的考核分为平时考核和定期考核。定期考核以平时考核为基础。对非领导成员公务员的定期考核采取年度考核的方式，先由个人按照职位职责和有关要求进行总结，主管领导在听取群众意见后，提出考核等次建议，由本机关负责人或者授权的考核委员会确定考核等次。对领导成员的定期考核，由主管机关按照有关规定办理。定期考核的结果分为优秀、称职、基本称职和不称职四个等次；定期考核的结果作为调整公务员职务、级别、工资以及公务员奖励、培训、辞退的依据④。这套制度是一系

---

① 寒天主编：《领导干部考察考核实用全书》，中国人事出版社 1999 年版，第 200—201 页。

② 1993 年颁布的《国家公务员暂行条例》中只包括"德、能、勤、绩"四个方面。

③ 寒天主编：《领导干部考察考核实用全书》，中国人事出版社 1999 年版，第 245—248 页。

④ 参见《中华人民共和国公务员法》第五章。

列关于任务分配的管理、政绩考核和奖励措施的规则，主要目的是
促进行政效率。在实际操作中，在这种干部责任制得到如实贯彻的
地区，地方政府在下级官员上任之际给他们指派各种各样的任务指
标。通常，上级政府事先准备好一张详细规定的指标、考核程序和
奖惩措施的"责任状"，然后下级政府的党委书记和行政负责人必
须在上面签字作保①。这些不同的考核指标通常依照重要程度被排
序，它们被分为优先指标、硬指标和一般指标②。优先指标具有一
票否决的权力，主要是全国范围内推行的政治性目标，具有较强的
政策导向性③。传统上，优先性指标包括计划生育和社会治安综合
治理政策，此外，地方政府也可以自行规定一票否决指标的内
容④。硬指标主要是经济性的指标，通常包括达到一定的税收数额
以及经济增长水平。软指标一般与社会发展问题相关，包括医疗卫
生、教育、环境保护等公共品的供给⑤。对地方领导来说，完成硬
指标和优先指标是最重要的工作，如果一个领导无法完成上述指
标，在上级考核时，他在其他方面的政绩也会被一笔勾销。同时，
由于干部人事管理权也属于上一级，上级对其工作的否定意味着他

---

① Kevin J. O'Brien and Lianjiang Li, 1999, "Selective Policy Implementation in Rural China," *Comparative Politics* 31（2）: 172.

② Maria Edin, 2003, "State Capacity and Local Agent Control in China: CCP Cadre Management from a Township Perspective," *The China Quarterly* (173): 39; Tony Saich, 2002, "The Blind Man and the Elephant: Analysing the Local State in China," In *East Asian capitalism: conflicts, growth and crisis*, ed. Luigi Tomba, Milano: Feltrinelli, p. 32.

③ Tony Saich, 2002, "The Blind Man and the Elephant: Analysing the Local State in China," In *East Asian capitalism: conflicts, growth and crisis*, ed. Luigi Tomba, Milano: Feltrinelli, p. 32.

④ 北京市在2012年2月发布的《关于贯彻落实国务院加强环境保护重点工作文件的意见》中，明确提出，领导干部的环保履职未达标，也将被一票否决。参见《PM2.5指标将定京官员仕途，环保不达标一票否决》，http://news.cn.yahoo.com/ypen/20120217/868803.html。

⑤ Tony Saich, 2002, "The Blind Man and the Elephant: Analysing the Local State in China," In *East Asian capitalism: conflicts, growth and crisis*, ed. Luigi Tomba, Milano: Feltrinelli, p. 32.

不会被晋升和表彰，也不会得到奖金[①]。由此可见，地方官员所面临的各项任务之间的关系不是平行的，而是有显著的权重分别的。除了重要程度上的分别，不同的目标在衡量方法上也有区别：经济方面的工作业绩比较容易被量化，可以立竿见影地成为地方官员的政绩；而民生方面的项目，比如对教育和环保的投入，通常见效缓慢，而且很难被精确地衡量。在这种情况下，地方官员出于其职业前景的考虑，会将更多的精力投入那些上级重视且较容易显示出政绩的任务，而忽略那些上级给予的权重较少且难以衡量的任务[②]。改革开放以后，推进经济增长是中央工作的核心，通过在考核体系中赋予经济发展更大的权重，中央成功地使各级地方政府将工作重心转移到经济发展上，从而实现了地方政府官员行为与中央的政策目标保持一致。文献上对此也有提及：Whiting 对基层干部考核系统有着详尽的研究，她的著作具体描述了在这种经济和政治上的双重激励机制下，乡镇和村级干部是如何大力推进乡村工业的。她发现，基层领导干部在工业上的表现与其个人收入和晋升空间紧密相连[③]。Saich 的研究也指出了县政府在晋升激励下推进经济发展的行为，即，县领导为了在地市级政府对下辖各县的考核中凸显政绩而给乡镇干部下达经济指标[④]。相类似地，Landry 关于地市级领导的著作也提到，在地市级领导所面临的众多职责中，很大一部分都是与经济发展水平相关，而且经济发展方面表现突出的地市级领导

[①]　Tony Saich, 2002, "The Blind Man and the Elephant: Analysing the Local State in China," In *East Asian Capitalism: Conflicts, Growth and Crisis*, ed. Luigi Tomba, Milano: Feltrinelli, p. 33.

[②]　Kai‐yuen Tsui and Youqiang Wang, 2004, "Between Separate Stoves and a Single Menu: Fiscal Decentralization in China," *The China Quarterly* 177: 79; Gang Guo, 2009, "China's Local Political Budget Cycles," *American Journal of Political Science* 53 (3): 623.

[③]　Susan H. Whiting, 2001, *Power and Wealth in Rural China: The Political Economy of Institutional Change*, Cambridge University Press.

[④]　Tony Saich, 2002, "The Blind Man and the Elephant: Analysing the Local State in China," In *East Asian capitalism: conflicts, growth and crisis*, ed. Luigi Tomba, Milano: Feltrinelli, p. 32.

有更多的机会被提拔①。

由此可见，现行的干部管理制度对地方政府官员行为的塑造能力是相当强的，通过这种正式制度，地方官员行为与中央重视的政策目标联系到了一起②。下一小节将考察中央是如何通过干部人事制度实现其经济增长的核心目标的。

2.2.2 人事管理制度的影响

通过上一小节的论述，本书了解到，中国中央政府通过人事管理制度，克服了信息不对称等传统的官员管理问题，牢牢地控制住了地方官员的行为。在这一小节里，本书将重点考察这种人事管理制度为当代中国带来的影响，即，这套正式制度是如何保障地方官员行为与中央追求经济发展的首要目标保持一致的。改革开放以来，推进经济发展是中央最为重视的政策目标。近年来，在政治学、经济学、社会学等领域出现了大量关于探求中国经济改革成功原因的研究。这些研究在解释改革成功的原因时有着不同的侧重，有些研究直接将经济改革的成果归功于干部人事制度③；另一些研究则将重点放在了其他因素上面，如财政或行政上的分权④、政治

---

① Pierre F. Landry, 2008, *Decentralized Authoritarianism in China: The Communist Party's Control of Local Elites in the Post – Mao Era*, Cambridge University Press, p. 85.

② Maria Edin, 2003, "State Capacity and Local Agent Control in China: CCP Cadre Management from a Township Perspective," *The China Quarterly* (173): 35 – 52

③ 如以下研究：Pierre F. Landry, 2008, *Decentralized Authoritarianism in China: The Communist Party's Control of Local Elites in the Post – Mao Era*, Cambridge University Press; David D. Li, 1998, "Changing Incentives of the Chinese Bureaucracy," *The American Economic Review* 88 (2): 393 – 397; Hongbin Li and Li – An Zhou, 2005, "Political Turnover and Economic Performance: The Incentive Role of Personnel Control in China," *Journal of Public Economics* 89 (9 – 10): 1743 – 1762。

④ 如 Gabriella Montinola, Yingyi Qian and Barry R. Weingast, 1995, "Federalism, Chinese Style: The Political Basis for Economic Success in China," *World Politics* 48: 50 – 81.

集权①、国家组织形式②等。但是，通过对这些文献进行整理，本书发现，这些条件归根到底都是通过干部人事制度框架下的激励机制发挥作用。所以说，约束官员行为的正式制度在经济改革过程中发挥了核心角色的作用。

下面先看一下文献上是如何论述干部人事制度对经济发展产生直接影响的③。David Li 认为，在政治自由和法治缺失的情况下，中国的经济改革之所以能够成功，正是因为官僚制度内部的重大变革赋予了官员促进经济发展的动力。这些变革包括：（1）对老革命实行强制退休方案使他们放权。这项举措带来了两个后果：第一是改变了中国官僚队伍的组成，新形成的干部队伍更年轻、更支持改革、适应性更强、受教育程度更高、更加务实和能干。第二是增加了更多官员流动的可能。（2）推行行政和财政的分权。在这种体制下，地方官员出于增加税收存留的动力以及增加当地就业岗位的考虑，会大力发展当地经济。（3）允许官员"下海"④经商。为了将来"下海"以后能在商业领域取得好的职位，官员在任时会表现得更加支持经济改革。而当他们到私营部门工作以后，由于其在政府部门的关系网络，他们能够更好地说服政府官员做出政策调整，进而消除经济发展的阻碍。通过对官僚制度的变革，地方官

---

① 如 Olivier Blanchard and Andrei Shleifer, 2001, "Federalism with and without Political Centralization: China Versus Russia," IMF Staff Papers. *Palgrave Macmillan Journals* 48：（4）。

② 如 Eric Maskin, Yingyi Qian and Chenggang Xu, 2000, "Incentives, Information, and Organizational Form," *Review of Economic Studies* 67（2）：359 – 378。

③ Pierre F. Landry, 2008, *Decentralized Authoritarianism in China*：*The Communist Party's Control of Local Elites in the Post – Mao Era*, Cambridge University Press；David D. Li, 1998, "Changing Incentives of the Chinese Bureaucracy," *The American Economic Review* 88（2）：393 – 397；Hongbin Li and Li – An Zhou, 2005, "Political Turnover and Economic Performance：The Incentive Role of Personnel Control in China," *Journal of Public Economics* 89（9 – 10）：1743 – 1762.

④ "下海"这里指一种现象，即官员退出政府部门的职位而到商业领域工作。参见 David D. Li, 1998, "Changing Incentives of the Chinese Bureaucracy," *The American Economic Review* 88（2）：395。

员的行为变得更加适应改革的需要：相比于前任，他们有更强的动力去发展经济、消除有碍改革的旧规章制度。Li 的研究更多的是基于政策的解读，而近年来的一些研究则通过实证的方法检验了人事管理制度与经济发展的联系。如，Li and Zhou 的研究基于改革时代的省级数据，发现经济表现好的省份领导会得到更多的晋升机会，他提出，人事控制是中国政府用来刺激地方经济发展的手段[①]。Landry 基于地市级数据的著作也得到了相似的发现，即，地市级领导在其任期内的经济成果更突出，他获得升迁的可能性就越大。他的研究展现了中国共产党是如何在促进经济发展的同时通过一系列人事管理制度有效地约束地方官员的个人选择的，以及这种约束如何激励地方官员与中央经济发展的政策保持一致的，他将这种干部人事制度带来的影响称为"政治控制"[②]。

上文提到的这些研究直接将经济发展与干部人事制度联系到了一起，而另一些研究对经济改革成功的原因提出了其他方面的解释，如，权力下放、政治集权、国家组织形式。

现有大量文献认为，权力下放对改革时代的经济发展有着极其重要的意义。比如，Qian and Weingast 认为，分权是中国自 1979 年开始的以市场为导向的改革进程中关键的组成部分[③]。Montinola，Qian and Weingast 的论文提出了"中国式的联邦主义"（维护市场的联邦主义）的概念，并认为这种以分权为主要内容的模式是改革时代中国政治体系的重要特点，正是这种模式有效地为改革提

---

① Hongbin Li and Li – An Zhou，2005，"Political Turnover and Economic Perform-ance：The Incentive Role of Personnel Control in China," *Journal of Public Economics* 89（9 – 10）：1743 – 1762.

② Pierre F. Landry，2008，*Decentralized Authoritarianism in China：The Communist Party's Control of Local Elites in the Post – Mao Era*，Cambridge University Press，p. 17.

③ Yingyi Qian and Barry R. Weingast，1996，"China's Transition to Markets：Market – Preserving Federalism，Chinese Style," *Journal of Policy Reform* 1：149 – 185.

供了政治上的支持，推进了经济振兴[1]。相似地，Qian and Roland
提出，中国转型最为突出的特点是从中央到地方政府的权力下
放[2]。另外一些研究则强调了政治上的分权与经济改革成功之间的
联系。无论这些研究的重点有何不同，他们都强调分权发挥作用的
机制是通过刺激地方政府的竞争，从而为地方官员提供了一套积极
的动机[3]。也就是说，分权最终是通过有效的人事管理制度保障了
经济的繁荣发展。

　　Maskin, Qian and Xu 的研究将中国经济改革的成功归因于国家
的组织形式，但这种组织形式最终还是通过人事的激励机制发挥作
用。他们认为，中国经济改革成功而苏联经济改革失败的原因在于
两个国家有着不同的经济组织形式：中国经济呈现出"M – form"
的特征，而苏联经济是巨大的"U – form"[4]。"M – form"的组织
形式优于"U – form"的原因在于其在地方上创造了竞争标尺

　　① 　Gabriella Montinola, Yingyi Qian and Barry R. Weingast, 1995, "Federalism, Chi-
nese Style: The Political Basis for Economic Success in China," *World Politics* 48: 50 – 81.

　　② 　Yingyi Qian and Gérard Roland, 1998, "Federalism and the Soft Budget Constraint,"
American Economic Review: December 1998, 88 (5): 1143 – 62.

　　③ 　Susan L. Shirk, 1994, *How China Opened Its Door: the Political Success of the PRC's
Foreign Trade and Investment Reforms*, Washington, D. C. : Brookings Institution; Ping Chen,
1993, "Chinas Challenge to Economic Orthodoxy: Asian Reform as an Evolutionary, Self – Or-
ganizing Process," *China Economic Review* 4 (2): 137 – 142; Chenggang Xu and Juzhong
Zhuang, 1998, "Why China Grew: The Role of Decentralization," In *Emergingfrom Commu-
nism: Lessons from Russia, China, and Eastern Europe*, eds. Peter Boone, Stanislaw Gomulka,
and Richard Layard, Cambridge: MIT Press.

　　④ 　"M – form"和"U – form"是两种类型的组织形式。"M—form"是多部门的形
式，"U – form"是单一部门的形式。参见 Eric Maskin, Yingyi Qian and Chenggang Xu.
2000. *Review of Economic Studies* 67 (2): 359。"M – form"和"U – form"的概念最早被
应用于公司。最近则被引入比较经济体系的研究中来。特别是，Qian and Xu (1993) 观
察到苏联与中国在经济上最重要的分别就在于各自的组织形式。苏联经济是巨大的
"U – form"，包括大约 60 个专门部委，比如钢铁和煤矿。而中国经济，自 1958 年起，
越来越呈现出类似"M – form"的特征，涵盖了大量的合理的自给自足的地区（比如
省、地级市等）。参见 Yingyi Qian, Chenggang Xu, 1993, "Why China's economic reforms
differ: the M – form hierarchy and entry/expansion of the non – state sector," *Economics of
Transition* 1: 135 – 170。

（yardstick competition），从而为地方官员发展经济提供了更好的动机。他们提到，在中国，政府部门的相对绩效考核非常普遍：根据各级地方政府在经济增长、产量、外来投资等方面的表现，上级政府不断地对它们进行排名。由于地方官员的人事决定权掌握在上级党委手中，这种竞争关系激发了地方官员推进经济发展的动力。而在"U - form"组织形式下的苏联，不同的部委之间并没有出现这种竞争。Maskin 等人认为两种组织形式的关键区别在于，两个地区之间的分别相比于两个部委之间的差异来讲更容易被比较。因此，两个地区间的标尺竞争则相比于部委间更能有效地提供动机。所以，他们提出，中国经济改革成功的原因在于"M - form"的组织形式在激发人员动机上更胜一筹，而"U - form"则无法激发类似的动力①。

　　与 Maskin 等人的研究相类似，Blanchard and Shleifer 在解释中国经济改革成就的原因时也用俄国的例子做了比较，他们提出，在中国，政治集权是促使中国地方政府能够贯彻中央的意志而推进经济发展的核心因素。他们观察到，在中国，地方政府积极地推进新兴企业的发展。而在俄国，地方政府则没有对企业提供什么帮助，他们对这种行为提出了两个原因：（1）地方政府被旧企业俘获，帮助旧企业防止新兴力量带来的竞争。（2）地方官员的竞租行为减少了新企业进入的动力。对于为什么这种情况在中国没有发生，他们认为答案在于中国政治集权的程度。中国的转型发生在共产党的严格控制下，因此，中央政府对地方行政机关的奖励和处罚有很强的权力，这就降低了地方政府被俘获的风险以及竞租的规模。② 相反，俄国的转型是与"部分功能不健全的民主"相伴而来。中

---

① Eric Maskin, Yingyi Qian and Chenggang Xu, 2000, "Incentives, Information, and Organizational Form," *Review of Economic Studies* 67（2）: 359 – 378.

② Olivier Blanchard and Andrei Shleifer, 2001, "Federalism With and Without Political Centralization: China Versus Russia", IMF Staff Papers. *Palgrave Macmillan Journals* 48: （4）.

央政府没有足够的能力在地方贯彻自己的主张，也无法有效地建立促进经济进程的规则①。由此看来，政治集权最终还是通过人事管理发挥作用的。

通过以上这些研究，本书了解到，干部人事制度对中国地方官员行为有着很强的塑造能力。正是通过这样一套正式制度，中央的核心政策可以有效地贯彻到各层级地方政府，可以说，正是干部人事制度保障了经济改革的成功。

2.2.3　人事管理制度与公共物品供给

地方官员面临的任务是多重的，除了经济发展之外，关乎民生的医疗卫生、教育、环境保护等公共品供给同样也是地方官员的职责。从上一小节的论述本书了解到，人事管理制度为经济发展提供了制度保障，在这一部分里，本书将重点考察人事制度对地方官员公共品供给行为上的影响。

国家对地方政府供给各项公共物品的职责做出了规定。在教育方面，《中华人民共和国教育法》规定了县级以上各级地方政府在教育经费支出、学校基本建设等方面的职责，以及对违反有法规的责任人员进行处分的原则②；在公共医疗方面，《医疗机构管理条例》列出了县级以上地方政府应该结合当地医疗需求对医疗资源进行合理规划、配置的相关规定③；此外，其他一些文件也写明了地方政府在环境保护、社会治安、基础设施建设等方面的各项

---

① Daniel Treisman, 1999, *After the Deluge: Regional Crises and Political Consolidation in Russia*, Ann Arbor: University of Michigan Press; Andrei Shleifer and Daniel Treisman, 1999, *Without a Map: Political Tactics and Economic Reform in Russia*, Cambridge MA: MIT Press.

② 详细规定请参见《中华人民共和国教育法》第七章第五十五、六十四条；第九章第七十一条。

③ 详细规定请参见《医疗机构管理条例》第二章第六条、第七条。

职责①。

　　虽然上级对地方政府在公共物品供给方面做出了各项规定，但是，在现行的干部考核体系中，官员在教育、医疗等民生方面的政绩并不占据主要位置。从上文可以看出，经济增长，也就是 GDP 增长率，是官员考核的最重要标准。这一方面是因为自毛泽东时代之后，国家只能依赖发展经济来维持自身的合法性；另一方面，相比较于其他目标，经济发展指标更加可量化和可度量②。显而易见，在该制度约束下的地方官员会根据指标的重要性调整其行为，故而该制度带来的后果是：地方官员均大力推动当地经济发展。在上一小节中，本研究看到已有大量文献发现该制度保证了改革开放之后的经济增长③。而在公共物品供给方面，虽然存在具体的相关规定，且地方政府也需要提供辖区公共服务来换取中央支持④，而且在名义上，没有履行这些供给职责的地方政府官员会受到相应的处分⑤，但由于公共物品和服务方面的指标在整个干部考核体系中占据次要位置，事实上，地方官员并没有积极推进公共物品和社会福利的动

---

① 参见《中华人民共和国环境保护法》《中共中央、国务院关于加强社会治安综合治理的决定》《中华人民共和国公路法》等。

②　Kevin J. O'Brien and Lianjiang Li, 1999, "Selective Policy Implementation in Rural China," *Comparative Politics* 31 (2): 181; Gang Guo, 2009, "China's Local Political Budget Cycles," *American Journal of Political Science* 53 (3): 623.

③　Pierre F. Landry, 2008, *Decentralized authoritarianism in China: the Communist Party's Control of Local Elites in the Post – Mao Era*, Cambridge University Press; Hongbin Li and Li – An Zhou, 2005, "Political Turnover and Economic Performance: the Incentive Role of Personnel Control in China," *Journal of Public Economics* 89 (9 – 10): 1743 – 1762; David D. Li, 1998, "Changing Incentives of the Chinese Bureaucracy," *The American Economic Review* 88 (2): 393 – 397.

④　Yingyi Qian, 2002, "How Reform Worked in China," *William Davidson Institute Working Paper Number* 473.

⑤　例如，在 2007 年湖南省岳阳县发生的饮用水源砷超标污染事件中，3 名副县长、4 名环保部门领导受到了相应的处分。来源：《岳阳砷污染七领导被处分》2006—11—22, http://www.thefirst.cn/73/2006 – 11 – 22/28797.htm。

力①，即使公共品服务的相关政策可能是更受居民欢迎的②。

　　在这一小节里，本书主要考察了干部人事制度作为一种正式制度是如何影响当代中国官员的行为的，在下一个小节里，本书将重点转向非正式制度在中国现行体制下的作用空间。

2.3　非正式制度与官员行为

　　上文已经提到，非正式制度主要是"社会中共享的规则，它们通常是不成文的，并独立于官方制裁渠道之外"③，包括"制裁、禁忌、习俗、传统和行为准则"④。相对于正式制度对官员行为影响的研究，针对非正式制度作用的文献较少。基于现有的关于中国的研究，一般将关系、宗族、派系视作影响官员行为的非正式制度（Bian，1997；Dittmer and Lu，1996；Dittmer，1995；Freedman 1965，1966；Guo，2001；Nathan，1973；Peng，2004；Tsai，2002；Tsai，2007；Tsou，1976；Wang，2000；Watson，1982；Xin and Pearce，1996；Yang，1994；Zhang Weiguo，1999；彭玉生，2009；孙秀林，2011；王沪宁，1991；肖唐镖，1997；张厚安、徐勇、项继权等，2000）。

　　关系指的是基于信任和互惠的非正式人际关系⑤这里先看一下关系的几个基本特点：关系的第一个特点是：熟悉和亲密，即，发展关系的双方一定是对彼此的情况很了解并且经常与对方分享信

---

　　① Susan H. Whiting，2001，*Power and Wealth in Rural China：the Political Economy of Institutional Change*，Cambridge University Press，pp. 116 – 117.

　　② Kevin J. O'Brien and Lianjiang Li，1999，"Selective Policy Implementation in Rural China," *Comparative Politics* 31（2）：173.

　　③ Gretchen Helmke and Steven Levitsky，2004，"Informal Institutions and Comparative Politics：A Research Agenda," *Perspectives on Politics* 2（04）：727.

　　④ Douglass C. North，1991.　"Institutions," *The Journal of Economic Perspectives* 5（1）：97.

　　⑤ Hongying Wang，2000，"Informal institutions and foreign investment in China," *The Pacific Review*．13（4）：525 – 556.

息；第二个特点是：值得信任，这通常是基于双方长期的互动，同时也是将来交往的基础；第三个特点是：互惠的义务。在中国文化中，一个人应该履行对亲人和朋友的义务，没能做到这些的人被认为是堕落的，他也可能在将来为此付出代价，比如失去他的关系网络以及嵌入其中的社会资源①。关系的作用是促成交换，交换的物品可能是无形的，如感情上的支持，更多情况下是有形的，如市场上不能直接获取的物品和服务②。关系的涵盖面很广，作者在这里主要集中考察"关系"对官员行为的影响。在中国研究的文献中，有些认为"关系"促使了官员滥用手中权力以谋取不正当的私人利益，在这种情境下，"关系"与国家的正式制度是相抵触的。如，Dittmer and Lu 认为，当"关系"——他们定义为非正式的社会关系——涉及了公职和国家权力的时候，它提供了"一个人们通过滥用国家代理人手中的权力而相互勾结以牟取私利的机制。在这种模式下，关系违背了由国家制裁的正式组织的关系"③。杨美惠关于中国改革开放以后关系学的研究也指出，在 20 世纪 80 年代的官方话语和大众话语中，"关系"造成了官员的腐败行为。在那个年代，刚刚开始的经济改革使得那些负责经济活动的官僚有了更多的机会利用自身职权为自己获取利益，那时的舆论普遍认为，"关系"引起了国家干部吃喝宴请、收受贿赂、贪污腐化等不良行为。而大众话语则将"关系"与质疑国家本身的合法性联系起来，这是因为，那时候的普遍现象是高干和他们的子女通过"关系"得到了国家给予的特权④。另一些研究则倾向于将这种与官员的非

---

① Yanjie Bian, 1997, "Bringing Strong Ties Back in: Indirect Ties, Network Bridges, and Job Searches in China," *American Sociological Review* 62 (3): 369.

② Yanjie Bian, 1997, "Bringing Strong Ties Back in: Indirect Ties, Network Bridges, and Job Searches in China," *American Sociological Review* 62 (3): 369.

③ Lowell Dittmer and Xiaobo Lu, "Personal Politics in the Chinese Danwei under Reform," Asian Survey 36, No. 3 (March 1996), p. 255.

④ 杨美惠《礼物、关系学与国家：中国人际关系与主体性建构》，赵旭东、孙珉合译，张跃宏译校，江苏人民出版社 2009 年版，第 59—60 页。

正式的人际关系看成是尚不健全的正式制度的补充。这些研究提出，在完善的正式制度缺失时，关系起到了有益的弥补作用。如，Wang 的研究将属于非正式制度的"关系"看作是正式制度的补充。她指出，传统的制度理论将完善的正式制度看作是经济发展和国际合作的必要条件，而改革时代的中国却在法律体系脆弱的情况下，仍然吸引了大量外商直接投资（FDI）。这正得益于非正式制度对正式制度的补充。在她的研究里，"关系"是一种解决冲突的渠道，她指出，很多公司主管都认识到，与官员保持良好的"关系"会有助于避免冲突以及解决冲突。由于正式司法系统的不完善，当出现争端时，很多公司会避免诉诸法律渠道，而是通过关系来解决问题，这种非正式的手段客观上确保了公司的权益①。相似地，Xin and Pearce 的研究强调了"关系"对于改革开放后私营企业的重要性。他们认为，由于针对私营企业的法律还不健全，相比于国有企业和集体企业，私营企业较难获得正式制度的保护。所以，与其他类型的企业主管相比，私营企业的主管更加依赖关系这种非正式制度的保护，因此更加重视与官员建立关系。以上两个例子说明了"关系"对政府官员的影响，即，官员会对那些有关系的企业提供特别的帮助，而这些扶持是他们从正式制度中无法获得的②。

宗族是一种基于共同血统的非正式组织。按照 Watson 对宗族的特征作了三点归纳③：第一，宗族是一种共同的团体，该团体的成员会从团体资源中获利。第二，宗族团体的成员自觉地将自我认同为组织的一部分，且有别于团体外的成员。第三，宗族是以共同

① Hongying Wang, 2000, "Informal institutions and foreign investment in China," *The Pacific Review* 13 (4): 535.

② Katherine R. Xin and Jone L. Pearce, 1996, "Guanxi: Connections as Substitutes for Formal Institutional Support," *The Academy of Management Journal* 39 (6): 1641 – 1658.

③ James L. Watson, 1982, "Chinese Kinship Reconsidered: Anthropological Perspectives On Historical Research," *The China Quarterly* 92: 589 – 622.

的祖先和共同的血统为基础。宗族的活动包含很多层面，如，修家谱、修宗祠、建祖坟、祭祖、舞龙灯、划龙船、介入族人婚丧喜庆活动，对族际关系进行协调和处理，以及筹集捐款，修路修桥等[1]。宗族在中国社会中发挥的作用经历了一个由强到弱，再逐渐变强的过程。在传统中国，皇权并不过多干预基层的乡村社会，中国的乡村生活在一定程度上可以由宗族进行自治[2]。进入 20 世纪之后，特别是 50 年代以来，随着中华人民共和国的成立，新的社会体制建立起来，传统上由宗族主导的乡村中出现了以公共权威为基础的正式结构，在相当长的一段时间内，正式结构强有力的介入削弱了宗族力量[3]。在改革开放后，宗族呈现出复兴的趋势，呈现出发展区域扩张化、活动方式多样化、组织形式实体化、组织目标社会化、组织活动公开化的特点[4]。自 Freedman 起，关于中国宗族的研究开始受到学界的重视[5]。对于宗族发挥的作用，一些学者将其视为一种破坏性力量，将宗族视为对正式制度的威胁。在对官员行为的影响上，这一派观点的学者认为，在宗族势力的胁迫下，官员不得不违背正式制度的框架而屈从于非正式制度。肖唐镖总结了当代宗族带来的六项弊端：（1）危及到农村基层政权和基层组织的稳固；（2）扰乱了农村法制建设的进程；（3）干扰了党和政府方针政策的落实；（4）破坏了农村社会的稳定；（5）制约了农村

---

[1] 参见肖唐镖、幸珍宁：《江西农村宗族情况考察》，《社会学研究》1997 年第 4 期；张厚安、徐勇、项继权等：《中国农村村级治理：22 个村的调查与比较》，华中师范大学出版社 2000 年版。

[2] 参见孙秀林：《华南的村治与宗族——一个功能主义的分析路径》，《社会学研究》2011 年第 1 期，第 5 页。

[3] 参见王沪宁：《当代中国村落家族文化——对中国社会现代化的一项探索》，上海人民出版社 1991 年版，第 151—152 页。

[4] 肖唐镖、幸珍宁《江西农村宗族情况考察》，《社会学研究》1997 年第 4 期，第 81—82 页。

[5] Freedman Maurice, 1965, *Lineage organization in southeastern China*, London：University Athlone Press；Freedman, Maurice, 1966, *Chinese Lineage and Society：Fukien and Kwangtung*, New York：Humaniies Press.

精神文明建设；（6）影响了农村经济的发展①。相似地，彭玉生的实证研究考察了国家计划生育政策与宗族网络之间的关系，他发现，那些有宗族网络支持的村庄往往能比较有效地反抗、规避和拒斥计划生育政策和执行该政策的村干部，而没有宗族网络支持的农民，则更可能屈从政府的权威②。以上这些研究强调了作为非正式制度的宗族力量是如何干扰地方干部执行国家政策的，另外一些研究则重视宗族网络对村干部行为的积极影响，如，促进公共物品供给和支持私人企业。Tsai 的研究揭示了宗族对村干部公共物品供给行为的影响。她发现，宗族组织的活跃程度是影响村干部进行公共服务建设行为的首要因素。如果存在各房会议、村民会议等非正式组织，无论在富村还是穷村，都会首选通过这种组织来集资筹钱，然后用于公共品投资③。Tsai 的另一个研究基于村级数据解释了当代中国农村公共物品供给差异。她揭示出，在正式的选举制和官僚制缺失的情况下，非正式制度发挥了推进公共物品供给的角色。当存在那些涵盖了辖区内每一个人的连带团体的时候，村干部会产生很强的动力为当地提供优质的公共物品和服务，因为这样做会提升他们的道德地位从而使其在各方面受益④。Peng 的研究表明，在改革初期阶段，由于国家关于产权的政策模糊、不连贯且执行不力，基于血缘信任的宗族网络实际上起到了保护产权的作用。在这些研究里，非正式制度作为正式制度的替代，在正式制度缺席的情况下发挥了积极作用⑤。

---

① 肖唐镖、幸珍宁：《江西农村宗族情况考察》，《社会学研究》1997 年第 4 期。

② 彭玉生《当正式制度与非正式规范发生冲突：计划生育与宗族网络》，《社会》2009 年第 1 期。

③ Lily L. Tsai, 2002, "Cadres, Temple and Lineage Institutions, and Governance in Rural China," *The China Journal* 48: 1 – 27.

④ Lily L. Tsai, 2007, *Accountability without Democracy: Solidary Groups and Public Goods Provision in Rural China*, Cambridge University Press.

⑤ Yusheng Peng, 2004, "Kinship Networks and Entrepreneurs in China's Transitional Economy," *American Journal of Sociology* 109 (5): 1045 – 1074.

上面谈到的宗族力量主要是对基层干部的行为施加影响，而在精英政治的层面，非正式制度仍然会对官员的选择形成约束。在早期研究中国政治的海外文献中，很多学者都关注了"派系"这一因素对官员行为的重要作用。1973 年，Nathan 将"派系"的概念引入中国研究中，他认为，"侍从关系"组成派系的基础。在交往过程中，双方都充分理解彼此的权利和义务。侍从关系本质上是一种以领导人为核心的人际网络。在他建构的"派系"模型下，政治家基于"侍从关系"来决定政治行为[1]。当领导人看到有机会获得政治利益的时候，他会分别地将一个个人变为自己派系的成员，并且基于整个派系的利益指导每一个成员的行动。分散在不同地方和机构的成员可以通过与领导人的个人交流而协调他们各自的行为[2]。所以说，一个官员的行为并不完全取决于他的正式职位，而同时还受着他所属派系利益的非正式因素的左右。与 Nathan 一样，邹谠也注意到了派系对官员行为的作用，但是他并未沿用"派系"这一措辞，而是倾向于用"非正式团体"（informal groups）或"政治行动团体"（political action groups）来形容这种非正式关系[3]。这是因为，与 Nathan 不同，邹谠并不认为派系是基于垂直的"侍从关系"，他理解的派系关系网络有着更为广阔的含义，不仅包括上下位阶的"侍从关系"，也包括同僚间的个人关系[4]。Dittmer 则用"非正式政治"一词来描述"派系政治"，与邹谠相似，

---

[1] Andrew J. Nathan, 1973, "A Factionalism Model for CCP Politics," *The China Quarterly* 53: 65.

[2] Andrew J. Nathan, 1973, "A Factionalism Model for CCP Politics," *The China Quarterly* 53: 42.

[3] Tsou Tang, 1976, "Prolegomenon to the Study of Informal Groups in CCP Politics," *The China Quarterly* 65: 98 – 117.

[4] Tang Tsou, "Prolegomenon to the Study of Informal Groups in CCP Politics," *The China Quarterly*, No. 65 (March 1976), p. 100; Tang Tsou, "Chinese Politics at the Top: Factionalism or Informal Politics? Balance – of – power Politics or a Game to Win All?" *The China Journal*, No. 34 (July 1995), pp. 97、131. 寇健文:《中共菁英政治的演变——制度化与权力转移 1978—2010》, 2010, 台北: 五南图书出版有限总公司。

Dittmer 也认为不应该将"派系关系"仅仅集中于垂直的关系网上，他认为这种研究路径会忽略掉一些组成派系的重要基础，如，同乡、同事、校友、家族等非正式关系所发挥的作用。[①] 在解释非正式网络形成的原因时，一般文献认为派系形成的行为动机是为了更好地追求内部成员的共同利益[②]，然而，也有些学者提出，派系关系的基础不仅仅是简单的利益交换。Guo 的研究提出了精英政治关系中的四个维度：工具性维度、礼仪维度、道德维度和感情维度。工具性维度指的是从自我利益出发的行为动机，也就是大多数学者谈到的，希望通过关系网络进行利益交换。礼仪维度包括按照社会惯例行事，以保持同熟人、同事、上下级之间和谐的人际关系。道德维度基于中国传统价值中的"忠""义"观念，表现在个体对他人的道德义务。感情维度是基于中国文化中的"感情"和"恩情"这两个重要的社会文化概念。Guo 认为，在精英政治关系中，礼仪维度、道德维度和感情维度的重要性往往高于以"利益交换"为目的的工具性维度[③]。

由此可见，非正式制度对官员行为的约束，主要是通过非正式问责、人际网络和信任实现的。这些非正式的因素为官员提供了道德约束，在正式制度缺失的情况下，非正式制度在一定程度上起到了正式制度的补充作用。

主流的制度分析文献都假设行为者的激励和预期主要是由正式制度决定的[④]。基于这样的假设，在中国，由于统一的干部管理制

---

① Lowell Dittmer, "Chinese Informal Politics," China Journal, No. 34（July 1995），p. 12. 寇健文：《中共菁英政治的演变——制度化与权力转移 1978—2010》，台北：五南图书出版有限总公司 2010 年，第 24 页。

② Andrew J. Nathan, 1973, "A Factionalism Model for CCP Politics," The China Quarterly 53：34 – 66.

③ Xuezhi Guo, "Dimensions of Guanxi in Chinese Elite Politics," The China journal, No. 46（Jul. , 2001），pp72、77、86.

④ Gretchen Helmke and Steven Levitsky, 2004, "Informal Institutions and Comparative Politics：A Research Agenda," Perspectives on Politics 2（04）：725.

度在全国范围内施行，且这种正式制度对当代中国的地方官员行为有很强的约束作用，因此不同地区的干部所面临的来自正式制度的制约和激励是等同的，因而地方官员在公共物品供给上的表现也应该是趋同的，其差异应该能被各地方经济发展水平的不同所解释。但是，本书却观察到在中国的不同地区公共物品的供给程度仍然呈现出显著的差异。显然，一刀切的正式制度无法对这种差异作出解释。因此，在正式制度及其他社会经济因素之外，本书将寻求用非正式制度来进一步解释公共服务存在的跨时和跨地区差异。下面两章本书将分别介绍当代中国公共物品供给的现状及影响官员公共品供给行为的非正式制度。

第3章　地方政府公共物品供给

上一章中本书考察了正式制度和非正式制度对官员行为的影响，并讨论了在现行的干部人事管理制度约束下地方官员在公共物品供给上的行为，最后提出本书将寻求用非正式制度来进一步解释公共服务存在的跨时和跨地区差异。在进行实证分析之前，本章和下一章将先介绍当代中国公共物品供给的基本状况及影响地方政府公共物品供给的非正式制度。在本章中，第一小节介绍中国地方政府的概况，本书将先考察各级政府的性质、地位和职能，随后将重点放在地级市政府，重点介绍地级市这一层级政府的历史沿革及其决策过程，这些讨论为本书在后面的章节探讨地级市公共物品供给的差异提供了背景。第二小节考察地方政府在公共物品供给方面的责任、公共物品方面的法律规定及公共物品供给的渠道。第三小节将回顾经济学领域关于中国公共物品供给的文献并指出现有文献的缺陷。

3.1　地方政府概况

在这一小节里，作者将着重介绍中国地方政府的概况：首先讨论当代中国各级政府的基本情况，重点是其性质、地位与职能。随后本书将重点探讨地级市政府的历史沿革以及地级市政府内部的决策过程。这为作者在后面分析地级市政府公共物品供给水平差异做好了铺垫。

3.1.1 各级政府的性质、地位和职能

这部分本书将对中国各级政府的总体情况作出介绍，并将重点放在各级政府的性质、地位和职能上。《中华人民共和国宪法》（以下简称《宪法》）第三十条规定："中华人民共和国的行政区域划分如下：（一）全国分为省、自治区、直辖市；（二）省、自治区分为自治州、县、自治县、市；（三）县、自治县分为乡、民族乡、镇。直辖市和较大的市分为区、县。自治州分为县、自治县、市。自治区、自治州、自治县都是民族自治地方"①。当代中国有五级政府架构，图 3.1 显示了我国政府和基层组织结构。

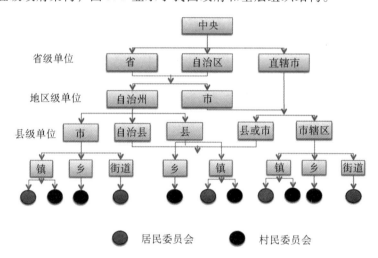

图 3.1 我国政府和基层组织结构

资料来源：李萍主编，许宏才、李承副主编：《财政体制简明图解》，北京：中国财政经济出版社 2010 年版，第 112 页。

图 3.1 最顶端是中央政府，其统领省、自治区、直辖市。在具体介绍地方政府的概况之前，本书首先简要介绍一下中央政府的定

---

① 《中华人民共和国宪法》，http://www.gov.cn/gongbao/content/2004/content_62714.htm。

义、性质和职能。《宪法》第八十五条规定："中华人民共和国国务院，即中央人民政府，是最高国家权力机关的执行机关，是最高国家行政机关。"① 这一规定显示出三层含义："第一，国务院是我国的中央人民政府，对外代表中国政府，以中国政府的名义开展国际交往。第二，国务院是最高权力机关的执行机关，它由全国人民代表大会选举产生，接受它的监督，对它负责，并向它报告工作；在全国人大闭会期间，接受全国人大常务委员会的监督，向它负责和汇报工作。第三，国务院是全国最高国家行政机关，它与各级地方政府一起，组成了全国的行政管理系统，国务院在这个系统中处于最高地位，按《宪法》和《国务院组织法》规定的职权，领导全国的行政管理工作；全国人大及其常委会制定的法律，除关于审判和检察方面的以外，都由国务院及其主管部门领导全国的行政管理机关实施。"②《宪法》第八十九条详细规定了国务院的十八条职权，概括来讲，国务院的职权主要有四个方面："一是政治职能。国务院要通过行政管理活动来实现保卫社会主义制度和社会主义现代化建设的政治目标。二是经济职能。通过对国民经济的国家干预和管理，促进经济发展，提高人民物质生活水平。三是文化职能。通过对教育、科学、文化等事业的组织和管理，促进教科文等事业发展，加强精神文明建设，提高人民文化生活水平。四是社会职能。通过社会管理活动，提供社会服务，保障社会福利，维护社会秩序，创造安定的社会环境。"③

相对于中央政府较为宏观的职权范围，地方政府的职能则较为具体。从图 3.1 可以看出，在中央以下，地方政府共分为四个层级，分别是省、市、县、乡。下面先分别介绍这四个层级政府的职能。

---

① 《中华人民共和国宪法》，http://www.gov.cn/gongbao/content/2004/content_62714.htm。

② 李萍主编：《财政体制简明图解》，中国财政经济出版社 2010 年版，第 109 页。

③ 同上书，第 110 页。

表 3.1 展示了四级地方政府的大概职能分工，表 3.1 显示出，政府层级越低，其职能就越具体。值得一提的是，在四级地方政府之外，乡镇以下的农村还设立了村民委员会。村民委员会属村民自治组织，不是政府机构，但受乡镇政府委托，也承担了一些政府职能。在一定意义上，村民委员发挥政权末梢的功能，也提供一些公共服务，如支付村干部工资或补贴，对老弱病残者提供社会福利等①。表 3.2 展示出了省级以下行政区划的数量，这个表显示出，在 31 个省、直辖市、自治区之下，全国共包含 333 个地级行政区划、2858 个县级行政区划和 40858 个乡镇。

表 3.1   **各级地方政府职能特点**

地方政府层级	职能特点
省级政府	职能范围十分广泛，几乎包括除了国防、外交以外的所有政府职能，特别是在中观层次上承担了重要的经济管理和调控职能
市级政府	提供城市基础设施等公共物品；维持社会安全网，特别是扶贫方面，发挥重要作用；接受省级政府的委托，对所管辖的县市实施行政监督
县级政府	县级政府是政府组织体系的基础，政府的各项一般职能在县级政府都有体现，但重点是保障基层政权正常运转和提供公共服务的职能
乡镇政府	乡镇政府具有更多的公共服务性质，主要是落实上级政府出台的各项惠民政策，为本地经济社会事业发展创造良好的基础环境

数据来源：根据李萍主编《财政体制简明图解》，中国财政经济出版社 2010 年版，第 114—115 页整理。

———————

① 李萍主编：《财政体制简明图解》，中国财政经济出版社 2010 年版，第 115 页。

表 3.2　　　　　　省级以下行政区划（2009 年年底）

地区	地级		县级		乡镇级			
省/自治区	地级行政区划总数	地级市	区划总数	市辖区	区划总数	镇	乡	街道办事处
全国	333	283	2858	855	40858	19322	14848	6686
北京	—	—	18	16	322	142	40	140
天津	—	—	16	13	243	116	20	107
河北	11	11	172	36	2228	992	968	267
山西	11	11	119	23	1397	563	633	201
内蒙古	12	9	101	21	863	463	179	221
辽宁	14	14	100	56	1504	577	357	570
吉林	9	8	60	20	897	425	196	276
黑龙江	13	12	128	64	1272	467	429	376
上海	—	—	18	17	210	109	2	99
江苏	13	13	106	54	1334	911	107	316
浙江	11	11	90	32	1513	735	445	333
安徽	17	17	105	44	1520	905	357	258
福建	9	9	85	26	1102	591	338	173
江西	11	11	99	19	1535	778	620	137
山东	17	17	140	49	1872	1096	269	507
河南	17	17	159	50	2361	904	978	479
湖北	13	12	103	38	1227	740	204	283
湖南	14	13	122	34	2409	1106	1056	247
广东	21	21	121	54	1584	1137	11	436
广西	14	14	109	34	1232	702	424	106
海南	2	2	20	4	222	183	21	18
重庆	—	—	40	19	1009	578	267	164
四川	21	18	181	43	4660	1821	2586	253
贵州	9	4	88	10	1555	689	757	109

续表

地区	地级		县级		乡镇级			
省/自治区	地级行政区划总数	地级市	区划总数	市辖区	区划总数	镇	乡	街道办事处
云南	16	8	129	12	1366	597	689	80
西藏	7	1	73	1	692	140	542	10
陕西	10	10	107	24	1745	921	649	175
甘肃	14	12	86	17	1350	464	762	124
青海	8	1	43	4	396	137	229	30
宁夏	5	5	22	9	233	99	93	41
新疆	14	2	98	11	1005	234	620	150

数据来源:《中国民政统计年鉴2010》,为2009年年底统计数据。ht-tp://zh. wikipedia. org/wiki/% E4% B8% AD% E5% 9B% BD% E8% A1% 8C% E6%94% BF% E5% 8C% BA% E5% 88% 92% E7% BB% 9F% E8% AE% A1% E8% A1% A8。

这一部分本书介绍了各级政府的基本情况,以及各层级地方政府的基本分布状况。在下两个部分里,本书将重点放在地级市政府,首先介绍地级市政府的历史沿革,随后考察地级市政府的决策过程,从而为本书讨论地级市政府公共物品供给差异提供背景。

3.1.2　地级市政府:历史沿革

这部分本书重点讨论地级市政府的历史沿革。地级市是指其行政地位相当于地区(原称专区)或自治州一级的市,新中国成立之初,我国实行省、县、乡三级制或省、县、区、乡四级制。其中,"市"主要是工业中心,"县"则为农业中心,二者是相互独立的行政区划,没有隶属关系。但是,为了保证城市居民的蔬菜和副食品供应,开始出现个别市管县的现象,而这种市管县体制,就是地级市的雏形①。市管县体制最早源于 1951 年,浙江省将原省直辖的杭县划归杭州市管辖。1950 年旅大行署区改为直辖市旅大市,管辖金县、长山县（1953 年改名长海县）,1954 年改制为辽宁省辖市后,继续管辖金县和长海县。1958 年,河北省撤销"天津地区",将武清、静海等 12 个县划归省辖天津市领导②。

　　1959 年,一些较大的市开始实行市领导县的体制。同年,第二届全国人大第九次会议通过了《关于直辖市和较大的市可以领导县、自治县的决定》,从而使市领导县的体制在法律上得到了确认③。1960 年,全国已有 52 个市领导 243 个县,约占全国县建制总数的八分之一。这次市管县体制产生的契机是"大跃进"和"人民公社"运动,缺乏客观的经济文化基础,随之很快降温。1961 年以后随着经济调整和整顿的开始,大量市管县恢复了原有体制,河北省恢复了全部专区和专员公署。至 1966 年全国管辖县的市降至 25 个,管辖的县数量不到 1960 年的三分之一,至此市管县体制经历了第一次大起大落。直到此时,省辖市的辖区范围内,仍以非农业人口为主,且多为省会城市或重要工业城市④。

　　到 1978 年,宪法明确规定:"直辖市和较大的市可以领导县",从而使市领导县的体制真正确立并发展起来。地级市的成立还与地区行政公署有关。地区行政公署成立的初衷是为了省能够更好地领导县,就将若干县划为一个区域,设立地区行署,作为省的派出机关,代表省对县进行管理。1982 年后,随着农村经济实力的增强,城乡一体化加快发展,一些发达地区纷纷撤地设市,建立市领导县的体制,形成了现在所谓的"地级市"⑤。1982 年,中共

---

　　① 周平主编:《当代中国地方政府》,人民出版社 2007 年版,第 115 页。

　　② 参见维基百科词条:http://zh.wikipedia.org/wiki/%E5%9C%B0%E7%BA%A7%E5%B8%82#cite_note-2。

　　③ 周平主编:《当代中国地方政府》,人民出版社 2007 年版,第 115 页。

　　④ 参见维基百科词条:http://zh.wikipedia.org/wiki/%E5%9C%B0%E7%BA%A7%E5%B8%82#cite_note-2。

　　⑤ 周平主编《当代中国地方政府》,人民出版社 2007 年版,第 116 页。

中央 51 号文件作出《改革地区体制，实行市领导县体制的通知》，肯定了辽宁等省在经济发达地区实行市领导县体制的经验①。随后，1983 年，中央又发出《关于地市州党政机关机构改革若干问题的通知》，要求"积极试行地、市合并"，并把此作为 1983 年地方政府改革的一项重要内容。至此市管县体制开始在全国范围内推行，并且在国家的行政区划序列里，正式将市分为地级市和县级市②。

当代中国地级市的设立标准："市区从事非农产业的人口二十五万人以上，其中市政府驻地具有非农业户口的从事非农产业的人口二十万人以上；工农业总产值三十亿元以上，其中工业产值占 80% 以上；国内生产总值在二十五亿元以上；第三产业发达，产值超过第一产业，在国内生产总值中的比例达 35% 以上；地方本级预算内财政收入二亿元以上，已成为若干市县范围内中心城市的县级市，方可升格为地级市。"③ 当代中国的地级市设立大致有五种类型："1）地市合并，即将原来具有相当经济实力的省辖地级市与原地区行政公署合并，实行市管县。这类地级市的中心城市由于是长期历史发展形成的，实力相对来说较强；2）撤地设市形成的地级市，这类地级市和第一类的区别是原地区没有地级市，地区行政公署所在地有的是县级市，有的是县，有的甚至还是镇，地区行政公署所在地成为中心城市。大体来说，相当一部分规模偏小，对市域经济的辐射带动作用有限；3）县级市升格为地级市。这个类型包括两种情况：一种是原来设立的县级市，具备一定的经济实力，另一种则是改革开放后县改市后又升为地级市，如浙江的嘉

---

① 张占斌：《中国市管县体制实施 25 年：强县扩权陷困局》，《决策》2008 年第 1 期。

② 参见维基百科词条：http：//zh. wikipedia. org/wiki/% E5% 9C% B0% E7% BA% A7% E5% B8% 82#cite_ note－2。

③ 民政部《关于调整设市标准的报告》，http：//qingyang. mca. gov. cn/article/zc-wj/201007/20100700088184. shtml。

兴、湖州、绍兴、金华、衢州等市，都是 20 世纪 70 年代末 20 世纪 80 年代初以来陆续改市，进而再升格为地级市的；4）将县直接升格为地级市，实行市管县。这种类型主要出现在广东，如 1988 年广东省撤销了清远、河源、阳江三个县，设立了清远、河源、阳江三个地级市；5）在能源、原材料工业基地兴建的资源型城市，这类城市大多数是在原为乡村或无居民点的情况下平地起家且迅速发展成为地级市，并划入部分县实行市管县。"[1] 截至 2012 年 6 月我国共有 285 个地级市[2]。

3.1.3　地级市政府：决策过程

本书主要试图解释的问题是地级市领导人在公共物品供给行为上的差异。地级市的公共物品供给是一种政府决策，在分析这种决策差异之前，本书在这一部分介绍地市级政府的决策过程。这对理解市委书记、市长在进行公共物品投入决策时所发挥的作用有帮助。

地级市的正式决策机构有：市委、市政府、市人大和市政协。市政府的决策可以说是这四大决策机构之间协调关系的结果，然而，在这四大机构中，市委起着最为核心的作用。下面本书将分别考察这四类机构是如何行使决策职能的。

首先来看市委是如何承担政治决策责任的。市委是党设在地级市的地方领导机关，是地级市的主要决策机构。市委由市一级的党的代表大会选举产生。在党代表大会闭会期间，市委执行上级党组织的指示和本级党的代表大会的决议，领导本地方的工作，并定期向上级党委会报告工作。所以说，在一个地级市，市委的职权是最核心、最高层的，包括：根据中央的路线、方针、政策及省委的安

---

①　周平主编：《当代中国地方政府》，人民出版社 2007 年版，第 117 页。

②　参见维基百科词条：http：//zh. wikipedia. org/wiki/% E5% 9C% B0% E7% BA% A7% E5% B8% 82#cite_ note－2。

排部署，研究分析全市政治、经济、社会发展和党的工作方面的情况，并就全局性重大问题作出政治决策；贯彻落实党中央、省委的指示和重要的会议精神，保证国务院和省人民政府政令的施行；组织实施市委全体会议的决定、决议，讨论和检查党的组织工作、教育工作、宣传工作、纪律检查工作、政法工作、统一战线工作、群众工作和军事工作等；研究党内外的思想政治状况并作出相应决策；依据党管干部的原则，研究决定全市市委管理的副县（处）级以上干部的任免、奖惩、调动和交流事宜，研究主要机构的设置和撤并；对重大突发性事件及时研究，作出相应的决定，等等①。

市委的决策职能主要是通过市委的常务委员会实现的。地级市常委会由市委书记、副书记、常务委员组成，由党的市委全体会议选举产生并报上级党委批准。在市委全体会议闭会期间，常委会行使市委的职权，是主持市委日常工作的领导核心。在实际决策过程中，相当一部分重要的城市行政事务，经过市人民政府办公会议等形式的初步讨论之后，须提交市委常委会讨论决定。有些重大的行政事务，则是先由市委常委会讨论决定处理原则或大体方案，再交市级国家权力机关讨论、通过，然后再提交市政府制定具体办法或工作措施，或直接交市政府制定具体办法或工作措施。常委会的决策，一般通过召开常委会会议的形式，根据民主集中制的原则做出。市委的政治决策之所以可以起到核心领导作用，主要是通过其强有力的组织体系。这一体系从地级市的市委书记、副书记、市委常委，经过市委常委会、市纪律检查委员会、市委办公室及市委其他直属职能机构，一直到最基层的党支部。虽然从理论上说，市委的决策具有政治性、导向性、全局性的特点，不具有法律约束力，不能对市民发生直接约束作用，但由于这一强有力组织体系的保障，由于长期以来形成的党的权威决策和核心领导地位，由于党内

---

① 参见汤大华、毛寿龙、宁宇、薛亮《市政府管理：廊坊市调查》，中国广播电视出版社 1998 年版，第 179 页。

严格的组织制度和纪律规定，因此市委的决策事实上是城市公共政策中最重要和最核心的决策，保证了地级市政府的决策能够体现党和国家权力机关的意图①。

以上部分是讲述市委在地级市决策中所发挥的角色，下面本书将主要着重考察市政府发挥的决策作用。地级市人民政府是一个地级市行政决策的最高机构，也是仅次于市委的公共政策制定机构。市政府由市长、副市长、秘书长、办公室主任（往往由副秘书长兼）、厅长（局长）、各委员会主任组成，此外市长助理、市政府顾问（市政府巡视员）在市政府行政决策中也发挥作用。市人民政府组成人员任期为 5 年。市政府实行市长负责制，下设政府办公室负责处理具体行政事务。市政府的职权主要包括：第一，研究执行市人大及其常委会的决议，执行国务院、省人民政府的指示、规定和命令。第二，领导所属工作部门和下级人民政府的工作，改变或撤销县（市）、区政府和市政府所属工作部门不适当的决议、指示和命令。第三，讨论制定和组织执行国民经济年度计划和长期规划，决定与生产建设和人民生活有关的重大措施；第四，依据城市建设总体规划，研究确定和组织实施城市建设的重大工程项目，决定加强城市管理的重大措施；第五，讨论研究区划变动，县级单位建设，市政府各部门副科级以上和区、县（市）政府局（科）级干部的任免，以及工作人员的奖惩；第六，讨论研究发展科学、文化、卫生体育事业中的重大措施；第七，依照国家法律规定，讨论研究维护社会秩序、保护国家财产、保障公民权利、保护少数民族权利方面的重大事项；第八，管理本市范围的外事工作，确定涉外的重大活动；第九，办理国务院、上级人民政府和本级人大常委会交办的其他事项。市政府的决策有以下几个突出的特点：第一，由于市政府由市人大

---

① 参见汤大华、毛寿龙、宁宇、薛亮《市政府管理：廊坊市调查》，中国广播电视出版社 1998 年版，第 180 页。

产生，是市人大的执行机关，向市人大和上级国家行政机关负责
并报告工作，人大闭会期间向市人大常委会负责并报告工作，因
此市政府的重大决策往往须事先或事后得到市人大及其常委会的
批准，才能具有正式的法律效力；第二，由于市委的核心领导地
位，市政府必须接受市委的政治领导、组织领导和思想领导，必
须根据市委确定的政治原则和政治意图开展工作；第三，市政府
决策不是机械地执行政治意志和政治原则，而是具有较大的自主
性和创造性。这表现在城市中各方面的规定、条例、办法、计
划、规划、方案等，一般都有市政府或其下属单位最先提出具体
方案，然后交中共市委、市人大及其常委会讨论批准；市政府的
决策是最经常、最普遍的一种决策，其数量往往要大大超出市人
大和市委的决策；决策的内容是最广泛复杂的，几乎无所不包，
仅就城市经济决策而言，就涉及工业、农业、建筑、市政、商
业、金融、外贸、财政、交通运输、科技、服务、开发区建设、
经济协作等生产、消费、积累、交换和流通等方方面面的事务。
第四，由于实行首长负责制，市政府决策由市政府行政首长在集
体讨论的基础上集中多数意见做出，不需要多数表决通过，因此
市长在决策中居于核心的地位。与此相联系，市政府所属各部门
及下级人民政府的主要领导，也在相应层级的决策中居于核心
地位①。

在了解了市委和市政府的决策作用之后，作者再简单地介绍
一下市人大和市政协在地级市决策过程中发挥的角色。市人大是
设在地级市的国家权力机关。在地级市国家政权组织体系中，依
照宪法的规定，市人大是权力最大、地位最高的决策机构。市人
民政府由它产生，对它负责并受它监督。市人大代表由区、县人
大选举产生，任期5年。市人大的决策是确定可否赋予一定的决

①　参见汤大华、毛寿龙、宁宇、薛亮《市政府管理：廊坊市调查》，中国广播
电视出版社1998年版，第183—184页。

策内容以较高的法律效力的一种决策形式，其职责侧重于：制定地方性规范性文件；批准市政府的计划、预算和其他重要事项；决定市政府、市法院和市检察院的重要领导人的任免。与市委、市政府的决策不同。市人大的决策不是一种从多种方案中进行抉择，而是对市政府行政机关提供的成形方案和事实决策予以确认的决策，因此往往只有投票表决确认、不确认和部分确认，即通过、不通过和驳回修改三种结果。市人大有关领导成员自觉参加或被邀请参加政府决策，实际上只能视为是一种个人行为，当然这种个人行为是以市人大为背景的。市政协是城市的爱国统一战线组织，是在市委领导下和全国政协、省政协指导下，实现党派合作的形式，也是在城市中发扬社会主义民主，实现政治协商、民主监督、参政议政的重要形式。

政协市委员会的参加单位、委员名额和人选，应由政协上届市委员会的常务委员会协商决定。市政协每届任期与市人大相同。市政协的具体任务主要有：第一，就本市的大政方针、群众生活和统一战线问题进行协商；第二，对市委和市国家机关提出建议和批评，协助其改进工作，提高工作效率，改进工作作风；第三，兴办和支持市公益事业，组织调查研究，视察检查，为城市建设献计出力；进行思想、道德、纪律等宣传教育，促进精神文明；第四，宣传和贯彻执行党和国家的各项方针政策；第五，调整和处理市政协各方面的关系及其合作共事的重要事项；第六，组织政协委员学习方针政策和时事政治；第七，征集、研究、出版文史资料。市政协虽然不是国家机关，不享有国家权力，但它却与市国家政权机关有着十分紧密的关系，在城市公共政策制定和实施过程日益发挥出重要的作用。这主要表现在：市人大召开会议时，一般都吸收市政协委员参加；在必要时。市人大常委会和市政协常委会举行联席会议，协调立场，商讨有关问题；市人大和市政协一般同时召开会议，分合穿插，有助于广泛讨论和协商城市的各项重大问题，引起大部分群众的广泛关注，并把市委、市政府的方针、政策、决议、决定等及时贯彻下去；市委、市政府作出重大决策时往往先举行座谈会，征求市政协的意见①。

以上本书考察了一个地级市的四大决策机构的决策原则、形式以及各自的特点。表 3.3 对这四个机构在地级市决策中发挥的角色做出了归类，分别从主要决策人员和决策机构、决策特点、决策原则、主要决策形式、主要职能作用等方面做出了归纳。

表 3.3　地级市公共政策制定的特点及各决策机构之间的关系

	市委	市政府	市人大	市政协
主要决策人员和决策机构	书记 副书记 秘书长 职能部门 下级党委	市长 副市长 秘书长 职能部门和直属机构 下级人民政府	市人大常委会 常委会正、副主任 常委会各专题小组 市人大办公室	市政协常委会 常委会正、副主任 常委会各专题小组 市政协办公室
决策特点	关键性 政治性 原则性	全局性 经常性 手段性	确认性 定期与随机相结合 原则性和建议性	建议性 定期与随机相结合
决策原则	民主集中制 多数表决制	首长负责制 目标责任制	多数表决制	民主协商
主要决策形式	市委全体会议 市委常委会议 市委书记办公会议 市委办公室会议 市委部门性、专题性会议	市政府全体会议 市政府常务会议 市长办公会议 市政府办公室会议 市政府部门性、专题性会议	市人大全体会议 市人大常委会会议 市人大主任会议 市人大专题小组会议	市政协全体会议 市政协常务委员会会议

---

① 参见汤大华、毛寿龙、宁宇、薛亮《市政府管理：廊坊市调查》，中国广播电视出版社 1998 年版，第 180—182 页。

	市委	市政府	市人大	市政协
主要职能作用	提供政治和思想保障 管理重要的组织人事工作 拥有对重大问题的最终决策权	负责具体贯彻落实 提出主要政策方案 拥有对行政事务的较大的自主权	提出批评和建议要求 对政策方案予以确认 实施民主监督	提出批评和建议 实施民主监督 协助市委和市政府工作

资料来源：汤大华、毛寿龙、宁宇、薛亮：《市政府管理：廊坊市调查》，北京：中国广播电视出版社 1998 年版，第 185 页。

由此可见，地级市决策中起关键作用的机构是市委，其次是市政府。同时，由于市委书记和市长分别是市委和市政府中的核心角色，因此，可以说，市委书记对于一个地级市的决策起着最为核心的作用，市长次之。作者对江苏省某地级市领导的访谈也支持了这一判断。

3.2　公共物品供给的法律规定及各级政府职责

本小节介绍当代中国地方政府公共物品供给的责任，与公共品相关的法律规定，以及地方政府公共物品供给的渠道。

公共物品按照地域范围划分可以分为全国性公共物品和地方性公共物品。全国性公共物品指的是全国的、跨区域的公共物品，其受益面没有明显的地域限制。地方性公共物品则具有明显的空间局限性，它主要是指那些在一个特定区域内发挥作用，供区域内的民众所消费的公共服务，其受益面局限于特定的区域范围内①。地方公共物品主要表现为社会服务类产品和基础设施类产品，前者主要包括教育、医疗卫生、社会保障与社会福利、气象预报、消防等；

---

① 参见杨仕兵《公共物品供给法律制度研究》，中国检察出版社 2010 年版，第 91—92 页。

后者主要包括交通、电力、自来水以及供水、供热、供气、排水、环境卫生、污水处理、城市绿化、市政建设等①。

在当代中国，中央和各级地方政府是公共物品法律与政策的执行者。政府机关涉及的公共物品活动包括计划、决策、预算、生产、运营、规制、分配、使用、监督的全过程，国家的经济权力还可以通过行政机关的具体经济活动渗入到公共物品供给的许多微观环节②。政府机关实现国家提供公共物品的责任主要包括以下几个方面：汇总、分析、掌握全社会公共物品的总存量、总供给量和总需求量以及国民经济和社会发展的情况；在平衡经济总量和协调重大比例关系的基础上，研究提出社会公共物品发展战略、中长期规划和年度发展计划，研究提出协调平衡公共物品总量及发展速度、结构调整的调控目标及调控政策，并与国民经济其他方面的发展相衔接、平衡；负责筹集、解决公共物品的成本来源，建立与发展科学合理的公共收入融资体系；研究、提出、规划公共支出并负责安排、指导或监督国家公共财政投资或支持的公共物品建设项目；与民间资本合作生产相关公共物品，引导、监督民间资本参与公共物品的生产与经营；制定公共物品市场准入、价格等政策并负责监督和规制；制定或组织制定有关公共物品质量、安全的标准或规则，并监督或组织监督其执行；建立紧急状态下的公共应急机制并负责实施公共物品资源的应急分配；协调公共经济发展与分配公正中的重大问题，等等③。

由于公共物品分为全国性公共物品和地方性公共物品，相应地，公共物品的供给责任也由中央政府和地方政府共同承担。中央政府主要负担全国性公共物品的提供，一般来讲，国防、外交、国家安全、航天科技等全国范围宏观的基础性公共服务属于

---

① 参见杨仕兵《公共物品供给法律制度研究》，中国检察出版社 2010 年版，第 195 页。
② 参见钟雯彬《公共产品法律调整研究》法律出版社 2008 年版，第 97 页。
③ 同上书，第 98 页。

中央政府负责提供。① 而作为地方政府来说，一方面需要配合中央政府提供全国性公共物品；另一方面，地方政府同时负责向本辖区内的民众提供地方公共物品②。提供公共服务是地方政府的职能之一。"具体来讲，地方政府的公共服务职能是指其满足地方社会公共需求、为地方社会提供基本而有保障的公共产品和公共服务的职责和功能。具体而言，地方政府为当地社会提供的公共服务按领域可分为基础性公共服务、经济性公共服务、社会性公共服务和公共安全服务四大类型"：（1）为地方提供公共基础设施方面的公共服务。地方公共性基础设施的建设和维护是地方政府公共服务职能中的一项基本职能。公共基础设施是为当地企业生产和公众生活提供基本条件、保障本地区生存和发展的各种工程及其服务的总称。公共设施可以分为这样几类：能源设施；供、排水设施；交通设施；邮电通信设施；环保设施；防灾设施。一个地区的公共基础设施关系到全体公众的利益，资金投入大、技术难度高、涉及面较广。基础设施的特点决定了其供给主体不适合由私人来承担，而是由政府来负责。（2）为地方提供经济性公共服务。这是指地方政府为促进当地经济发展的公共服务，通常是生产性的，如地方政府对公共项目和国有企业的资金投入，地方政府对固定资产的投入以及对农业经济活动的投入等。（3）为地方社会提供社会性公共服务。地方政府为当地社会提供的社会性公共服务，包括文化教育、医疗卫生、社会保障和社会福利等。社会性公共服务以社会效益为主，而不能以经济效益为主，这是由社会性公共产品具有的公共性、公益性和政府监督和管制的必要性所决定的。社会性公共服务具有公民权利的性质，并具有较强烈的再分配功能，对平等目标的关注在社会性支

---

① 周平主编：《当代中国地方政府》，人民出版社 2007 年版，第 257 页。
② 参见钟雯彬《公共产品法律调整研究》，法律出版社 2008 年版，第 101 页。

出的分配中居于重要地位①。（4）为地方社会提供公共安全服
务。地方各级政府作为地方社会公共权力的代表，通过对维护地
方社会安宁，保一方平安，建设和谐社会，为当地居民安居乐
业、全面发展创造良好的社会环境，理应是地方各级政府职能的
重要职责。地方各级政府通过建立社会治安的防控体系，建立危
机事件的预警机制和应急机制，增强危机管理能力，构建社会利
益的表达与协调机制、社会回应机制，打击和惩治各种犯罪活
动，调节各种矛盾冲突，排查当地社会隐患，化解社会矛盾，加
强综合治理，维护地方社会的秩序和稳定，为当地居民提供公共
安全服务②。

　　在财政支出上，1994 年分税制改革后，中央政府和地方政府
在公共服务供给（事权）和公共服务支出（财权）上做了重新安
排。这个调整后的安排成为了当前中国公共物品成本分摊机制的基
本框架。除了预算外财政承担的公共物品部分，中央和地方政府承
担的公共物品有如下划分：中央财政负担以下公共服务费用支出：
国防、警察费用（人员费）、外交外援支出、中央行政管理费用、
中央本级负担的公检法、教科文卫事业费、中央统管的基础设施建
设、中央直属企业的技术改造和新产品试制、地质勘探、支农支
出；地方政府负担本地区政府行政和经济、事业协调发展所需支
出，即地方基础设施建设、地方科教文卫事业、公检法、部分武警
费用（业务费）、民兵事业费等；中央、地方政府共同承担的公共
服务包括全国性的交通网、通信或其他信息网、失业等社会保障服
务、环境保护和防止自然灾害项目、教育、对农业和科研的支持
等。有关中央政府—地方政府提供的公共服务项目，其具体划分参
见 表 3.4、表 3.5、表 3.6③。

---

①　李军鹏：《公共服务型政府》，北京大学出版社 2004 年版，第 5 页。
②　周平主编《当代中国地方政府》，人民出版社 2007 年版，第 257—258 页。
③　参见江波《体制分析与体制选择：中国第三产业中的公共服务与准公共服务》，
中国物资出版社 2002 年版，第 211—212 页。

表 3.4 　　　　　　中央政府提供的公共服务

公共服务项目	政府提供的理由
国防	纯公共服务
外交	纯公共服务
涉外经济贸易的制度设置	纯公共服务
金融与货币政策	有关国家经济安全
产业管制	有关国家经济发展战略

资料来源：江波：《体制分析与体制选择：中国第三产业中的公共服务与准公共服务》，中国物资出版社 2002 年版，第 210 页。

表 3.5 　　　　　中央、地方政府共同提供的公共服务

公共服务项目	政府提供的理由
全国性的交通网、通信或其他信息网	对通过地区有外部效应的全国性服务
失业等社会保障服务	对全国就业稳定和地方经济均有利
环境保护和防止自然灾害项目	地方和全国共同受益
教育	地方和全国共同受益
对农业和科研的支持	地方和全国共同受益

来源：江波：《体制分析与体制选择：中国第三产业中的公共服务与准公共服务》，中国物资出版社 2002 年版，第 210—211 页。

表 3.6 　　　　　　地方政府提供的公共服务

公共服务项目	政府提供的理由
地区性交通	地方公共服务
个人卫生	地方公共服务
城市公共事业	地方公共服务
警察服务	地方公共服务
社会福利	地方公共服务

数据来源：江波：《体制分析与体制选择：中国第三产业中的公共服务与准公共服务》，中国物资出版社 2002 年版，第 211 页。

　　即使中央和地方之间对于公共物品供给责任有着明确的分工,
然而在现实中,公共物品供给不足、各地公共物品供给水平不均等
问题却一直存在。当今中国公共物品供给存在的问题主要有以下几
个方面:第一,财政支出缺位,"养人"重于"做事"。这主要是
说政府没有能够有效地承担起提供公共物品和服务的责任,即使是
名义上投向了公共物品项目的投资,实际上大部分的支出都是人员
配备方面的,因此并未真正解决实际的民生问题。官员本身对这一
问题也有着足够的认识:辽宁省副省长邴志刚谈道,"一些本应由
政府提供的公共产品和公共服务,如社会保障、基础教育、公共卫
生、环境保护等,没有得到有效供给"①。第二,财政支出越位。
这个问题指出了地方政府财政支出分配上存在的问题,即,政府在
做财政预算时,会将大部分投资用于竞争性领域,而对于难以明显
拉动当地经济发展的公共物品供给投资,则较为轻视。云南省财政
厅副厅长王卫昆谈道:"虽然近年来财政支出中经济建设比重有所
下降,但份额仍然较大。由于国有企业在地区经济增长中占有的份
额高,就有话语权,想方设法来游说劝阻财政资金退出。这样,向
公共领域安排预算的增长步伐就会比较慢。"② 第三,"财权上收事
权下放"加大了公共财政难度。上文介绍了各级地方政府的主要
职能,由此看出,政府层级越低,其"事权"越重,而与"事权"
相配套的"财权"却不足。以教育为例,目前全国义务教育投入
中,乡镇负担 78% 左右;县财政负担约 9%;省地负担约 11%;
而中央财政只负担了 2% 左右。近年来农村地区实行了"以县为
主"的义务教育体制,但实际上只是工资发放由乡财政改为县财
政,乡镇财政筹集经费格局并没有改变③。

---

　　①　《瞭望新闻周刊》:《公共服务差距紧逼财政改革》http://news.163.com/05/
0328/13/1FUG6VVI0001124T_ 2.html。

　　②　同上。

　　③　参见宋立、刘树杰主编《各级政府公共服务事权财权配置》,中国计划出版社
2005 年版,第 40 页。

　　当代中国地方政府在公共物品供给方面的职责，主要体现在《中华人民共和国地方各级人民代表大会和地方各级人民政府组织法》以及部分专门法规里（如《中华人民共和国教育法》《医疗机构管理条例》《中华人民共和国环境保护法》《中共中央国务院关于加强社会治安综合治理的决定》《中华人民共和国公路法》等）。《中华人民共和国地方各级人民代表大会和地方各级人民政府组织法》第五十九条规定的县级以上的地方各级人民政府行使的职权中，其中第五项提到了地方政府的职权之一是"执行国民经济和社会发展计划、预算，管理本行政区域内的经济、教育、科学、文化、卫生、体育事业、环境和资源保护、城乡建设事业和财政、民政、公安、民族事务、司法行政、监察、计划生育等行政工作"①。专门法规的相关规定：在教育方面，《中华人民共和国教育法》规定了县级以上各级地方政府在教育经费支出、学校基本建设等方面的职责，以及对违反法规的责任人员进行处分的原则②；在公共医疗方面，《医疗机构管理条例》列出了县级以上地方政府应该结合当地医疗需求对医疗资源进行合理规划、配置的相关规定③；此外，其他一些文件也写明了地方政府在环境保护、社会治安、基础设施建设等方面的各项职责④。

　　在公共物品立法方面，改革开放以前，中国的公共物品供给没有制度化。到 20 世纪 80 年代后期，各种立法和制度建设开始提上议事日程。（杨仕兵，2009：39—40）目前公共产品的社会性规制涵盖教育、医疗卫生、环境保护等方面，主要包括：（1）教育方面：主要法规有《教育法》（1995）、《义务教育法》（1986）、《学

---

　　① 《中华人民共和国地方各级人民代表大会和地方各级人民政府组织法》，ht-tp：//www.gov.cn/flfg/2005 – 06/21/content_ 8297. htm.

　　② 详细规定请参见《中华人民共和国教育法》第七章第五十五条、六十四条；第九章第七十一条 。

　　③ 详细规定请参见《医疗机构管理条例》第二章第六条、第七条。

　　④ 参见《中华人民共和国环境保护法》《中共中央、国务院关于加强社会治安综合治理的决定》《中华人民共和国公路法》等。

位条例》（1980）、《高等教育法》（1998）、《职业教育法》
（1996），主要规制机构为教育部；（2）医疗卫生方面：主要法规
有《职业病防治法》（2002）、《药品法》（2001）、《传染病防治
法》（2001）、《食品卫生法》（2001）、《公共场所卫生管理条例》
（2001），主要规制机构为卫生部；（3）在环境保护与环境卫生方
面，主要法规有《环境保护法》《海洋环境保护法》《水污染防治
法》《固体废物污染环境防治法》、《城市市容和环境卫生管理条
例》（1992）、《城市绿化条例》（1992），主要规制机构为建设部、
环保总局①。以上法律法规的主要内容是有关监管部门如何对公共
物品进行监督管理，如何处罚违规者，以及公众应该如何履行相关
义务。

这里需要特别注意的是，现有中文文献上谈到的公共物品非
正式制度供给渠道，其"非正式制度"的含义与本书所指的
"非正式制度"内容不同。大多数中文文献中谈到的公共物品的
正式制度供给，是指政府采取制度内的公共财政筹资方式供给公
共物品，包括采取预算内资金和预算外资金，通过政府直接生产
和利用市场间接生产公共物品，甚至还包括政府监督的慈善等公
益性行为供给公共物品的方式。因此，正式制度供给公共物品，
就是采取公共财政的方式筹集生产公共物品②。相对而言，公共
品的非正式制度供给主要指的是生产公共物品的资金来源属于非
正式财政制度。根据非正式财政制度的表现形式一般将公共物品
非正式制度供给分为两类：一为政府从事的非正式财政制度筹集
资金生产公共物品；二为民间筹资生产公共物品③。通过该非正
式制度渠道供给的公共物品具有以下两个特点：第一，非正式制
度供给的是地方性公共物品而非全国性公共物品。由于全国性公

① 钟雯彬：《公共产品法律调整研究》，法律出版社2008年版，第271页。
② 参见杨仕兵《公共物品供给法律制度研究》，中国检察出版社2010年版，第193页。
③ 同上书，第92页。

共物品通常是由国家或中央政府通过公共财政安排供给的，不可能出现非正式制度筹集全国性公共物品的生产资金，而地方公共物品的供给除通过公共财政安排供给外，地方政府也可能自行筹资以及民间自愿筹资供给公共物品，只有在后一种情况下才可能出现非正式制度筹资活动，即公共物品非正式制度供给①。第二，非正式制度供给的是准公共物品而非纯公共物品。纯公共物品具有非竞争性和非排他性的特征（如国防）。非竞争性是指一个人对公共物品的消费不减少或不影响其他人对这种物品的消费；非排他性是指一种物品一旦生产出来可以同时供两个以上的个人联合消费，无论个人对这种物品是否支付价格，要排除他人消费这种物品是不可能的或排除费用很高。按照布坎南的"俱乐部理"，纯公共物品就是最优会员数量为无穷大的物品，这种物品不存在"拥挤点"。因此纯公共物品存在"免费搭便车"的现象，此类公共物品供给应由公共部门通过公共预算来提供，故不存在非正式制度供给的可能②。现有文献认为，公共物品非正式制度供给的存在有两个内在原因：第一，政府正式制度供给的公共物品的种类、数量不能满足全体社会公众的需求。第二，当一些地方政府官员的政治需求大于公众需求时，经济必须为政治需求服务，公共物品供给必须为政治需求服务，这就容易出现财政缺口。一方面，由于科学的政绩考核体系尚未建立，"政绩工程"对于地方政府具有较强的激励功能，从而忽视地方的财力承受能力，强制性推动建设所谓的"形象工程""面子工程"，以及完成各项达标升级活动。根据一些地方政府官员的偏好，动用正式制度筹集的公共物品生产资金，大量用于生产"政绩工程""形象工程"，造成正式制度筹集资金不足；另一方面，一些地方政府官

---

① 参见杨仕兵《公共物品供给法律制度研究》，中国检察出版社 2010 年版，第 91—92 页。

② 同上书，第 92 页。

员还要避免辖区居民的埋怨，体现自己"为人民服务""为老百姓办实事"，因此必须额外筹集资金以提供部分社会公众需求的公共物品。为了在资金不足的情况下满足公众需求，寻求正式财政之外的公共物品供给渠道①。

这一小节总结了当代中国地方政府公共物品供给的责任，与公共品相关的法律规定，以及地方政府公共物品供给的渠道。下一小节将介绍涉及当代中国公共物品供给的已有研究，指出现有文献的不足，并提出本书的贡献。

3.3　经济学文献上的中国公共物品供给研究

在现有的有关当代中国公共物品供给的文献中，虽然作者可以发现一些研究涉及到当代中国正式制度下非正式制度是否对公共品供给发挥作用，或者他们之间的互动，但多数仍然停留在案例研究或理论叙述的阶段，很少有系统的实证的考察②。而在经济学领域虽然有很丰富的针对中国公共品供给决定因素的系统的考察，但是其出发点则来自经济学所关心的传统问题，比如中央地方财政关系

---

① 参见杨仕兵《公共物品供给法律制度研究》，中国检察出版社 2010 年版，第93—94 页。

② Tsai（2007）的实证研究虽然是针对非正式制度对公共物品供给的最直接著作，但是，如同她自己所说，"这种依靠宗族的非正式制度也许只能在基层（如村级或者乡镇一级政府）产生重要影响，而到了市级政府层级以上，非正式制度可能很难继续发挥显著作用"（Tsai 2007, 371）。更重要的是，Tsai 所研究的村级政权，在当代中国五级的政府架构中并不属于正式的一级政府，正式制度对村干部的约束程度是有限的，因此，她的研究使人感觉非正式制度只在正式制度脆弱时才有发挥作用的空间。本书的研究建立在地市级数据的基础上，着重于探求正式制度制约下非正式制度发挥作用的空间，因而与 Tsai 的研究有着不同的侧重。参见 Tsai, Lily L, 2007, "Solidary Groups, Informal Accountability, and Local Public Goods Provision in Rural China," *American Political Science Review* 101（02）: 355 – 372.

对地方政府公共物品供给效率的影响①、对地方政府投资基础设施的影响等②。这一小节中，作者将对经济学领域内涉及当代中国公共物品供给的研究做一简要梳理。

首先，关于中国公共物品供给总体状况的研究：West 和 Wong 通过比较地方政府公共服务（social services）供给讨论了跨地区和跨部门的不平等。他们的研究指出，教育和医疗方面的公共服务供给水平和质量地区间差异很大，贫困地区的公共服务供给水平远低于国家政策规定的标准③。他们的研究基于山东和广东两个省的例子。Zhang 等人的研究展现了一个较长时间范围内，中国教育和医疗水平的地区分化④。

在现有文献中，大量研究是集中探讨中央—地方财政关系对公共品供给水平的影响。2000 年的联合国《中国人类发展报告》（UNDP 2000）强调了财政分权对于教育和医疗的负面影响。除此之外，傅勇的研究聚焦于公共物品供给的结果，他发现，在控制财政资源差异以及其他外生变量之后，财政分权不同程度地降低了基础教育和城市公共服务的供给。他提出，分权对公共物品供给的效应是一把"双刃剑"，中国的分权在为经济增长带来成功的同时，

---

① Loraine A. West and Christine P. W. Wong, 1995, "Fiscal Decentralization and Growing Regional Disparities in Rural China: Some Evidence in the Provision of Social Services," *Oxford Review of Economic Policy* 11（4）: 70 - 84；平新乔、白洁《中国财政分权与地方公共品的供给》，《财贸经济》2006 年第 2 期；陈硕，《分税制改革、地方财政自主权与公共品供给》，《经济学（季刊）》2010 年第 4 期。

② 张军、高远、傅勇、张弘：《中国为什么拥有了良好的基础设施?》，《经济研究》2007 年第 3 期。

③ Loraine A. West and Christine P. W. Wong, 1995, "Fiscal Decentralization and Growing Regional Disparities in Rural China: Some Evidence in the Provision of Social Services," *Oxford Review of Economic Policy* 11（4）: 70 - 84.

④ 参见 Xiaobo Zhang, Shenggen Fan, Linxiu Zhang and Jikun Huang, 2004, "Local Governance and Public Goods Provision in Rural China," *Journal of Public Economics*, Volume 88, Issue 12, pp. 2857—2871.

也在公共领域造成困境①。乔宝云、范剑勇和冯元兴发现，财政分权对所有地区的义务教育供给都带来了负面影响，其中对东南沿海地区的负面影响小于中西部地区。他们认为其中的原因在于，为改善投资环境而挤占了基础教育开支，在总体上导致了教育供给的下降，这个机制在相对贫困的中西部地区更加严重②。平新乔、白洁考察了财政分权背景下，人均预算财政分类支出对相应公共品需求的敏感性，他们发现，地区的预算内支出主要负责基本的公共品提供，如教育、城市维护和支农，预算外支出则主要针对基础设施建设和随机发生的自然灾害③。傅勇和张晏发现，中国的财政分权以及基于政绩考核下的政府竞争，造就了地方政府"重基本建设、轻人力资本投资和公共服务"扭曲的公共支出结构，并且，政府竞争会加剧财政分权对政府支出结构的扭曲，竞争对支出结构的最终影响则取决于分权程度，而1994年之后包括科教兴国、西部大开发在内的现行重大政策并没有缓解这种状况。这意味着，中国式分权在推动市场化和激发地方政府"为增长而竞争"的同时，与之伴随的成本可能正在上升④。王世磊、张军利用1994年以后的数据发现地方政府财政支出结构在分权化过程中出现"重基本建设、轻人力资本投资和公共服务"的扭曲，该发现很有启示意义，其结论也被其他研究所佐证。⑤ 陈硕的研究覆盖了1994年分税制改革前后，他发现在1994年后，中国的公共服务在地方的供给水平相对于改革前有了显著的下降。他的研究支持了那些认为财政分

① 傅勇：《中国式分权、地方财政模式与公共物品供给：理论与实证研究》，复旦大学博士论文，2007年，第109页。

② 乔宝云、范剑勇、冯元兴：《中国的财政分权与小学义务教育》，《中国社会科学》，2005年第6期。

③ 平新乔、白洁：《中国财政分权与地方公共品的供给》，《财贸经济》2006年第2期。

④ 傅勇、张晏：《中国式分权与财政支出结构偏向：为增长而竞争的代价》，《管理世界》2007年第3期。

⑤ 王世磊、张军：《中国地方官员为什么要改善基础设施？——一个关于官员激励机制的模型》，《经济学》2008年第1期。

权，而不是集权，将改善地方公共品供给水平的观点①。

最后，也有一些学者注意到，基础设施作为一项特殊的公共物品，其性质与教育、医疗、环境保护等公共品不同。因为基础设施方面的投入能够显著地带动当地 GDP 增长，因此，地方官员在基础设施投入上有较强的动力。张军等人的研究认为基础设施的高速增长是分权体制下地方政府竞争的结果。他们发现，在控制了经济发展水平、金融深化改革以及其他因素之后，地方政府之间在"招商引资"上的标尺竞争和政府治理的转型是解释中国基础设施投资决定的重要因素。在一个向上负责的政治体制下，地方官员为谋求"政绩"而开展横向的竞争。而当地基础设施的改善，一方面有助于"招商引资"，从而实现更快的经济增长和改善政绩；另一方面，显著改善的基础设施本身就是最容易度量的政绩②。

虽然经济学领域有相当多文献讨论当代中国公共物品供给，但是，其讨论的重点主要是集中在中央地方财政关系对地方政府公共物品供给效率的影响上，但诸如问责制、合法性这些政治科学关心的概念却没有被纳入上述分析框架，本书将从官员籍贯这一非正式制度的角度来解释地方公共物品供给的地区差异，弥补了文献上的不足。在下一章里，作者将重点考察对官员行为施加非正式约束的官员籍贯。

---

① 陈硕：《分税制改革、地方财政自主权与公共品供给》，《经济学》（季刊）2010 年第 4 期。

② 张军、高远、傅勇、张弘：《中国为什么拥有了良好的基础设施?》，《经济研究》2007 年第 3 期。

第4章 籍贯：一个非正式制度

上一章介绍了当代中国公共物品供给的基本状况以及相关研究，并介绍了地方公共物品供给水平存在的差异。本书试图从非正式制度的角度解释这种差异。在实证检验领导人籍贯与公共物品供给的因果关系之前，这一章作者将先对籍贯的概念及其对官员行为的影响做一介绍。第一小节先介绍籍贯的基本含义并讨论中国在官员管理过程中对官员籍贯的态度，即，帝制中国和当代中国实行的官员避籍制度，重点放在制度的原因及其弊端。第二小节介绍现有文献中涉及的领导人个人特质与公共物品供给关系的研究，这一部分里作者着重观察领导人为本家乡提供公共物品的内在动因。

4.1 官员籍贯回避制度

这一小节作者将介绍籍贯的概念和官员管理中的籍贯回避制度。首先，"籍贯在旧时主要指自己家族开始生发繁衍的主要地域。大至国或省，小至县市或村、里等聚落均可成为籍贯。古代所谓籍贯通常指父、祖的长居地，在现代社会中则有较为宽广的含义，除以上定义外也可以指本人出生或长居地"①。事实上，无论在古代中国还是现代中国，统治者都意识到籍贯因素会对官员行为

① 参见维基百科词条：http://zh.wikipedia.org/wiki/%E7%B1%8D%E8%B4%AF。

造成影响，然而，在判断这种影响时，统治者往往只强调本地籍贯对官员管理造成的负面作用，即，本地官员容易形成地方主义，继而挑战中央权威，以及会滋生腐败等。因此，为了遏制这些倾向，古代中国在官员管理制度上发展出一套详尽的官员籍贯回避制度。现代中国在官员管理上虽然没有采用严格的避籍制度，然而这一籍贯回避的理念也正在被当代中国的统治者所借鉴。在这一小节中，作者将先介绍古代中国的官员回避制度，继而分析当代中国官员管理中的避籍制度，最后提出这种制度所折射出的问题。

4.1.1　帝制中国的避籍制度

籍贯回避制度（以下简称"避籍制度"），即规定地方长官不得由本地籍贯人士担任的制度。在古代中国，统治者为了防范地方官员形成地方主义、结党营私、徇情废公等不良行为，发展出一套完善的避籍制度。这一部分本书将对中国古代实行的避籍制度进行考察。

中国历史上的官吏籍贯回避制度始于东汉后期，发展于唐宋，至明清趋于严格①。实行籍贯回避制度的根本目的是加强中央对地方的控制，防止地方官吏相互勾结②，以避免因乡土、亲戚、朋友关系而结党营私③。在中国古代，以乡土情谊为核心的地缘关系渗透在社会的方方面面，这种现象在官场上反映为一些腐败现象，如任人唯亲、裙带依附、结党拉帮等，避籍制度就是统治者为防范这些现象而制定的规范④。一些学者认为，古代的避籍制度对于防范腐败发挥了重要的作用，余华青谈道，"回避制度比较有效地限制了亲属关系、宗族关系和同乡关系对于政务

---

① 刘建基：《中国古代吏治札记》，社会科学文献出版社 2005 年版，第 117 页。
② 余华青主编：《中国古代廉政制度史》，上海人民出版社 2007 年版，第 84 页。
③ 刘建基：《中国古代吏治札记》，社会科学文献出版社 2005 年版，第 126 页。
④ 同上书，第 117 页。

的干扰，防止了袒护亲族、在本籍以权谋私等各种弊端，对于廉政有着重要作用"①。

西汉是初步奠定了回避制度的朝代。西汉初年尚未实行回避制度，然而，自吴楚七国之乱后，汉统治者采取了一系列加强中央集权的措施，避籍限制就是当时的措施之一②。汉武帝中期以后，虽然没有明文规定，事实上地方长官一般都需要回避本籍。刺史不用本州人，郡守、国相不用本郡人，县令（长）、丞、尉不但不用本县人，且不用本郡人③。除了地方行政长官之外，一些负责监督地方的监察官员亦不得监临本籍④。但是，对于郡县掾属⑤，则一律用本郡人，而不用外郡人。这些限制目的是防止地方上掌一郡一县之行政长官利用职权，结党营私，形成与中央对抗的势力。但是汉统治者考虑到，外籍人对当地推行工作，可能在地理人情方面会遇到一定困难，为此，郡县掾属由本籍人担任，以起到互相配合的作用⑥。

东汉时期，对于官吏实行籍贯回避，已经有了明文规定。回避制度不仅执行颇为严格，回避的范围也不断扩大。地方长官除了需要回避本籍之外，婚姻之家亦须互相回避对方的原籍，两州人士也不得对相监临。其后，禁忌更为严密，制定了严格的"三互法"。"三互法"的主要内容包括："本地人不得为本地长官；婚姻之家不得相互监临；有血缘关系或者婚姻亲属关系的人，不得在同一部门或者地区为官。"⑦ "三互法"甚至不准出现两地人士互为地方官

① 余华青主编：《中国古代廉政制度史》，上海人民出版社2007年版，第324页。
② 蒲坚：《中国古代行政立法》，北京大学出版社1990年版，第199页。
③ 参见严耕望《中国地方行政制度史》甲部十一章，台北版；安作璋、熊铁基：《秦汉官制史稿》第三编二章，齐鲁书社1984年版。
④ 余华青主编：《中国古代廉政制度史》，上海人民出版社2007年版，第83页。
⑤ "掾属"指佐治的官吏，见 http://baike.baidu.com/view/1511594.htm。
⑥ 蒲坚：《中国古代行政立法》，北京大学出版社1990年版，第199页。
⑦ 余华青主编：《中国古代廉政制度史》，上海人民出版社2007年版。

的情况：“如甲州人士在乙州为官，乙州人士在丙州为官，则丙州人士对甲、乙、丙三州均需回避。”① 东汉的“三互法”是中国第一个成文的对籍贯和亲属关系任官回避的法规。由于“三互法”所规定的交错回避，致使禁忌过于繁密，往往造成“选用艰难”的局面。例如在东汉后期，幽、冀二州的长官曾“久缺不补”，“三府选举，逾月不定”。其所以久延不决者，是因“避三互，十一州有禁，当取二州而已”②。意思是，当时由于回避需“三互”的原因，全国十三个州中就有十一个州的人士不得担任幽冀二州的长官③。

隋朝建立后，为清除当地人在当地为官所带来的亲故请托之弊端，规定：县丞以上官员必须“尽用他郡人”④。这是中国古代历史上第一个明文规定县以上官员回避本籍做官的法令。同时还规定：州县的主要属官皆三年一替，以防地方官员久居一地，任情废法带来的危害⑤。

唐代进一步发展了隋时的制度，除京师所在的京兆府和东都洛阳所在的河南府“二州人任本郡官”⑥ 外，其余地区的官员皆回避在本郡做官。唐高宗时，又规定：品官担任县丞外的其他属官，皆须回避本籍，进而扩大回避范围至邻县，即“不许百姓任本贯州县官及本贯邻县官，京兆、河南不在此限”⑦。

宋代官吏的任职回避制度比唐代有所发展。宋初，凡官员有亲属关系于职事有统摄或相妨者，按惯例回避。至仁宗康定二年（公元 1041 年），明确规定亲属回避范围为本族缌麻以上亲及各种外亲。地方官员一般要回避本籍，除非因年老养亲或优待勋臣，经

---

① 余华青主编《中国古代廉政制度史》，上海人民出版社 2007 年版，第 83 页。
② 《后汉书·蔡邕传》。
③ 蒲坚：《中国古代行政立法》，北京大学出版社 1990 年版，第 83 页。
④ 《文献考·职官十七》。
⑤ 刘建基：《中国古代吏治札记》，社会科学文献出版社 2005 年版，第 127 页。
⑥ 《唐会要》卷 75。
⑦ 《册府元龟》卷 630。

皇帝特许者方可在本籍任官。宋制除回避外，还规定现任官不得在所辖州县典买旧宅，罢任官亦不得在所辖州县寄居①。甚至非本籍而有地产者，虽不在回避之列，亦要避嫌辞其所任②。但有三种情况仍可以在本籍做官：一是便养亲老；二是优礼老臣；三是恩宠勋臣③。

金元的官吏任用制度，不如两宋严密，但回避制度仍然存在。金代委任官吏，采取"不许就本乡"的制度④。元代也于至元二十八年（公元1291年）规定："迁转官员，自己地面里休作官。"⑤按元制："诸吏员迁调廉访司书吏、奏差，避道；路、府、州、县吏，避贯。"⑥"有父兄居宪台、察院之职，子侄为按察司官者，或父兄为按察司官，子侄于别道为官。有似其类，理宜回避。"⑦

在明代，对本籍的回避，已经成为任官中的通例⑧。这个时期的回避制度规定明确，执行严格。赵翼在《陔余丛考·仕宦避本籍》中说："回避之例，至明始严。"明代实行北人官南，南人官北，回避本籍的制度⑨。在籍贯回避上，明代规定回避本省。"洪武间，定南北更调之制，南人官北，北人官南。其后官制渐定，自学官外，不得官本省，亦不限南北也。"⑩ 这一限制在明代一直较严。正德年间，始奏准广西除方面知府外，其余职事许本省别府州县人员相兼选用。嘉靖七年（公元1528年），又奏准四川边远地方东川等处首领属官许以本省别府人相兼选用。明隆庆末万历初，

① 余华青主编《中国古代廉政制度史》，上海人民出版社印刷2007年11月第一版第一次印刷，第261页。
② 同上书，第262页。
③ 刘嘉林、何宪主编《回避制度讲析》，中国人事出版社1990年版。
④ 《金史》卷五四《选举四》。
⑤ 《元典章》卷八。
⑥ 《元史》卷一〇二《刑法一》。
⑦ 《元典章》卷八。
⑧ 刘嘉林、何宪主编：《回避制度讲析》，中国人事出版社1990年版，第22页。
⑨ 刘建基：《中国古代吏治札记》，社会科学文献出版社2005年版，第128页。
⑩ 《明史》卷七一《选举三》。

高拱奏请放宽内地僚属回避限制，道："国家用人，不得官于本省，惟有民社之任者则然耳。若夫学仓驿递闸坝等官，其官甚卑，其家甚贫，一授远地，或弃官不赴，或去任不能归，零丁万状，其情可矜。宜照教官例，酌量近地铨补。"奏准后，下级吏员杂职方可选用本省隔府人员。京官亦有籍贯回避。如洪武二十六年（公元 1393 年）诏令"户部吏不许用江西、浙江、苏、松人"，"以其地多赋税，恐飞诡为奸也"①。吏部司官论省，同省籍不能同时在同一司任职②。

至清代，籍贯回避有了更为明晰的规定，对于籍贯的类别，不仅包括传统意义上的祖籍，还包括游幕、经商的寄籍、商籍；对于实施避籍的官员民族，清廷也做出了详细的划分，针对汉人和满人的有着不同的政策；且对京畿重要地区的官员实施特殊的规定。

在籍贯回避上，清顺治十二年（公元 1655 年）规定：外官回避本省，教职回避本府，户、刑、工部司官回避本省。因为户、刑、工三部所属各司分管各省事务。同时规定，户部福建司兼管直隶钱粮，直隶人也得回避。综上规定，这就是说，总督、巡抚直至州县佐职，都不能以其本省籍、寄留籍为任职之地③。清代财赋的主要供应地区是苏杭平原，同时又"令户部司官，不得用苏、松、常、镇、嘉、湖人"④。康熙四十二年（公元 1703 年）规定，初授外任官，距其原籍五百里之外，方许其做官，即"五百里内省，省虽有别，仍应回避"⑤。这就是历史上所谓的"五百里内不为官"的说法。关于里程的计算，不论官塘大道，还是捷径小路，只要有一项在五百里之内，就要回避。对于各官府的吏员，规定"不能

① 见《续文献通考》卷四四与《日知录》卷八吏胥条。
② 余华青主编《中国古代廉政制度史》，上海人民出版社 2007 年版，第 322 页。
③ 刘建基：《中国古代吏治札记》，社会科学文献出版社 2005 年版，第 129 页。
④ 《古今图书集成·诠衡典》卷 11。
⑤ 《古今图书集成·诠衡典》卷 11。

在本州、本县及距离本籍三百里以内当差"①。乾隆时,针对江南、湖广、陕西均已分置巡抚,规定上属三处府州县以下官员,虽得本省之缺而不在本籍巡抚统辖之内的不必回避,但如距本籍五百里以内仍应回避。回避不仅涉及本籍,而且包括祖籍和游幕、经商的寄籍、商籍。

清代初期的回避制度主要是针对汉族官员的,而且是在文官或兼管文武的官员中实行。乾隆十五年(公元 1750 年)规定,满洲、蒙古旗人不得在直隶省内、京都五百里内,任州县官吏。不久,又将这一规定扩大到盛京地区的州。雍正时将其扩大到满、蒙、汉军八旗人员,规定"应照汉人回避本省之例,凡遇直隶道、府、州、县等缺,于铨送时扣除"②。而且,这种回避本省的制度中,除本人的家乡之外,还包括祖籍所在地,以及包括本人做官之前当过幕僚的地区在内。武职官员,从提督、总兵直至游击、都司,也与文职官吏一样,不得在本籍任职。只是对中下层武职官吏的回避稍宽。规定,凡水师军官不避本省,陆军则只有各省绿营的高级军官回避本省。中级官员只须隔府,千总以下军官则不回避③。

但是,清廷为了保持京畿地区有充分的八旗人员作为心腹之臣,特别规定按察使以上高级官吏经皇帝特旨任命者,不受此限制;但要将其现有庄田在所辖境内,呈明上司,报户部存案,如有贪婪、绚庇之弊,便于稽察④。

清廷对于地方大员采取回避本籍省的一个重要目的,是防止其利用乡土关系,相互攀比,结成亲党,形成跋扈势力。所以有清一代对地方回避审查较严格认真,一官到任,必须向本省布政使呈交两份文件:一为本人的"亲供",表明本人向未在本省先行流寓寄籍、置买田产或刭办刑名钱谷事件、无假冒顶替违碍捐免回避等

① 刘建基:《中国古代吏治札记》,社会科学文献出版社 2005 年版,第 130 页。
② 《清通考》卷五六。
③ 刘建基:《中国古代吏治札记》,社会科学文献出版社 2005 年版,第 129 页。
④ 同上书,第 131 页。

情；一为同乡任职官"印结"，"印结"的文字内容与"亲供"相同，但应注明"某官与卑职系属同乡，素相认识"，这就算证明人的证明了。布政使要对"亲供"与"印结"加以审核，在"复查无异"后，再呈报督抚，由督抚具咨送吏部和该员原籍官府备案，有关"亲供"和"印结"即作为咨文的附件①。

由此可见，帝制中国的避籍制度对各种回避情况已经有了非常详细的分类和规定。总的来说，这种本地人不得在本地为官的避籍制度，主要目的是通过人事任免加强中央对地方的控制，防止因乡土、亲戚、朋友关系而造成结党营私②，从而避免地方势力对中央政权造成挑战。当代中国并未实行像古代中国那样严格的避籍制度③，然而，避籍的理念也正在逐渐贯彻到官员管理制度上，其初衷与古代统治者如出一辙，同样是为了遏制地方对中央权威的挑战。下一部分本书将聚焦当代中国正在形成中的避籍制度，并指出这种制度设置所存在的问题。

4.1.2　当代中国的避籍制度

上一部分本书探讨了帝制中国实行的严格的官员避籍制度。在这一部分里，作者将重点探讨当代中国的官员管理制度中有关籍贯的相关规定及其利弊。中华人民共和国成立以后，人事管理制度并没有延续帝制中国严格的避籍制度，然而，近年来相继颁布的一些法规已经开始体现出避籍的理念，2002 年中共中央印发的《党政领导干部选拔任用工作条例》第五十三条规定："担任县（市）委书记、县（市）长职务以及县（市）纪检机关、组织部门、人民法院、人民检察院和公安部门主要领导职务的，

---

① 李曙光：《晚清职官法研究》，中国政法大学出版社 2000 年版，第 154 页。

② 刘建基：《中国古代吏治札记》，社会科学文献出版社 2005 年版，第 126 页。

③ 一些当代学者以古代中国拥有完善的回避制度为由，呼吁当代中国也应该效仿古代，制定严格的避籍制度（如刘嘉林、何宪等）。

一般不得在本人成长地任职。民族自治县另行规定。"① 2006 年
中共中央办公厅印发的《党政领导干部任职回避暂行规定》也体
现了中央对官员籍贯问题的重视，这一规定以明文的形式具体规
定了上级在进行官员任命时对本地籍贯的规避。《党政领导干部
任职回避暂行规定》第五条规定："领导干部不得在本人成长地
担任县（市）党委、政府以及纪检机关、组织部门、人民法院、
人民检察院、公安部门正职领导成员，一般不得在本人成长地担
任市（地、盟）党委、政府以及纪检机关、组织部门、人民法
院、人民检察院、公安部门正职领导成员。"② 相似地，在 2006
年施行的《中华人民共和国公务员法》第六十九条提到："公务
员担任乡级机关、县级机关及其有关部门主要领导职务的，应当
实行地域回避，法律另有规定的除外。"③ 2012 年 2 月，中组部、
人力资源和社会保障部联合发布了《公务员回避规定（试行）》，
其中第八条规定："公务员担任县、乡党委、政府正职领导成员
的，应当实行地域回避，一般不得在本人成长地担任市（地、
盟）党委、政府正职领导成员。公务员担任县级纪检机关、组织
部门、人民法院、人民检察院、公安部门正职领导成员的，应当
实行地域回避，一般不得在本人成长地担任市（地、盟）纪检机
关、组织部门、人民法院、人民检察院、公安部门正职领导成
员。"另外，对于民族区域自治的地区不适用于籍贯回避④。在
实际实施过程中，籍贯回避制度针对的主要是县级以下地方人民
政府中担任领导职务的官员，这样安排的理由是县级以下官员所

---

① 《党政领导干部选拔任用工作条例》，http：//www. people. com. cn/GB/
shizheng/16/20020723/782504. html。
② 《党政领导干部任职回避暂行规定》，http：//politics. people. com. cn/GB/
1026/4671268. html，《人民日报》（2006 - 08 - 07，第 08 版），参见附录一。
③ 《中华人民共和国公务员法》，http：//news. xinhuanet. com/lianzheng/2005 -
08/10/content_ 3333496. htm。
④ 徐银华、石佑启、杨勇萍：《公务员法新论》，北京大学出版社 2005 年版，
第 239 页。

承担的工作较为具体、直接，所执行公务的范围较小，故而因亲属的利益影响工作的可能性较难避免①。

　　这几部法规的相继颁布体现出了党和政府对官员籍贯问题的明确态度。官员避籍这项制度安排的官方理由是为了防范腐败，中组部原有关负责人曾经概括过"异地为官"的五个作用，包括"有利于培养锻炼提高干部、有利于贯彻执行民主集中制原则、有利于摆脱盘根错节的复杂关系、有利于转变作风、有利于推进党风廉政建设"②。一些文章也提到了官员在非本籍任职有利于破除地方官员因"地缘"而形成的"人情网"和"关系网"，从而减少腐败现象③。人们支持异地为官的理由是，"本地干部生在本地或长在本地，长年累月结成了以宗族、亲属、同学、朋友关系共同作用的关系网络，走上领导岗位后的言行不可避免地要受其干扰。许多领导干部上去后，往往苦于受制约、干扰太多，深感有力无法使，有才不能用，有的因长期平平庸庸，碌碌无为，有的因为经受不住干扰和侵蚀，走上为亲友谋私或包庇亲友的严重犯罪的道路"④。

　　中央提倡避籍制度的核心原因是加强中央对地方官员的控制，防止地方官员结党营私，从而挑战中央权威，这一用人思路从帝制中国一直延续到当代，说到底，是为了限制地方官员的权力，使官员能够"对中央负责"。然而，也有学者注意到，异地为官的制度安排同时也带来了一些弊端，如，官员对当地语言、情况不熟悉，除此之外，异地为官更有可能激发官员忽视政策的长远效益，并滋

---

①　徐银华、石佑启、杨勇萍：《公务员法新论》，北京大学出版社 2005 年版，第 239 页。

②　于建嵘：《县政改革请自改变"异地为官"始》，http：//www. aisixiang. com/data/detail. php？ id = 26562，原刊《南方日报》2009 年 4 月 23 日。

③　参见陈刚、李树《官员交流、任期与腐败》，《世界经济》2012 年第 2 期；陈绪群、赵立群《试论实现领导干部交流制度的理论依据》，《党建研究》1996 年第 3 期。

④　参见刘嘉林、何宪《回避制度讲析》，中国人事出版社 1990 年版，第 24 页。

生腐败。于建嵘、李连江谈道，"由于他们不是本地人，他们没有对父老乡亲负责的道德责任，可以毫无愧馁地牺牲本地民众的利益"①。由于缺乏对本地的认同感，外地籍官员更有可能将任职作为晋升的跳板，为了得到上级的肯定，外地干部可能更加无所顾忌地进行短期行为，而忽视那些长期见效的、事关民生的项目。另外，关于异地为官对防范腐败的效用，也有文献指出，这种反腐的制度设计无法发挥出显著作用：任剑涛指出，避籍制度"一方面，不能从根柢上限制权力与利益的结合，因此并不能彻底杜绝权钱勾结；另一方面，权力与利益的勾连，是不分掌控权力的官员究竟是出自本地、还是来自外地的，地域因素并不是防止权钱勾结的主要因素；再一方面，即使是本地任职的官员，在本地权力体系的诸多构成因素之间具有相互制衡功能的前提条件下，也是不可能将权力用来谋取利益的"②。

总的来说，当代避籍制度的主要出发点是限制地方官员的权力，这与帝制中国官员避籍的理念如出一辙，终极目的是加强中央对地方的控制、保持政权稳定。但是，出于维护稳定的政策却可能带来相反的后果，前面提到，相比于家乡在本地的官员，外地干部往往缺乏道德约束，因此对当地民众少了一份"责任"，这可能会促使他们更加盲目地追求经济指标，从而带来一系列的治理问题，如公共品供给不足，对民生项目不作为等。而这些弊端，依赖现行的干部考核体系是很难识别的。而本地人的因素却可能给了官员施加额外的非正式束缚，从而从客观上化解公共物品供给不足的现象。

除了上文谈到的弊端外，避籍制度及其所带来的一系列问题同时给了作者一些更加宏观的启示。从根本上说，避籍制度的设置是

① 参见于建嵘、李连江《县政改革与中国政治发展》，《领导者》2007年第18期。

② 参见任剑涛《党权、异地任职与中央控制——从三个案例看地方治理的权力畸变与制度矫正》，《江苏社会科学》2010年第6期。

从统治者的角度出发的，地方官员不得在本地任一把手，这个制度最核心的目的是方便中央对地方进行控制。如同上文所示，这样的制度可能带来的恶果是官员对地方利益置之不顾。面临同样的财政预算，地方首长会理性地在经济指标项目上投入更多，而在教育、医疗、环境保护等公共物品上投入较少。但是，民生项目供给不足同样可能对中央的统治构成挑战，这为该种制度设计带来了潜在的风险。避籍制度折射出了制度设置的一个问题：中央出于维护政权稳定的目的而建立的制度，在某些情况下可能会对政权本身的合法性构成挑战。这是当代中国制度设置的一个普遍问题，而避籍制度仅仅是一个表现。

这一小节介绍了籍贯的含义以及中国古代和当代官员管理制度设置中为了防范本地籍贯对官员行为造成的负面影响而设计出的官员避籍制度，以及这种制度设置的原因和弊端。然而，上文中谈到籍贯对官员行为的影响大多是基于一些案例或者论述，而不是系统的考察，在下一小节作者将侧重介绍探讨领导人籍贯与其公共物品供给行为之间因果关系的文献，并指出已有文献的不足。

4.2 籍贯与官员行为

在这一部分里，作者将重点考察那些探讨官员的籍贯、种族等个人特质与其公共物品供给行为之间因果关系的文献。在现有文献中，虽然有些研究已经检验了领导人的个人特质对于他们行为的影响，如，领导人倾向于为本民族、本家乡成员提供更多的公共物品。但这些研究往往用"偏爱""利他主义""贿选"等解释其动机，而并非从非正式制度对个人行为约束的角度引申，也并未将约束领导人的非正式制度与影响其行为的正式制度联系起来。

一些文献揭示出国家领导人会倾向于为本民族成员聚集的地

区提供更多公共物品，如提供更优质的教育、医疗资源，或兴建
公共项目（Burgess，et al.，2009；Fearon，Kasara and Laitin，
2007；Franck and Rainer，2012；La Porta，et al.，1999），这种
倾向被称为"种族偏爱"。如，Franck 和 Rainer 利用撒哈拉以南
非洲的跨国数据发现，国家领导人的种族偏爱是解释该地区教育
和婴儿死亡率的重要因素。对于这种偏向发挥作用的机制，一些
学者认为这是因为领导人对本种族成员有一种天然的偏袒，这种
"民族利他主义"（ethnic altruism）的感情会促使他进行有利于该
地区的活动①。Nguyen，Do 和 Tran 则将这种偏爱（favoritism）称
为"裙带关系"（nepotism）。基于越南的数据，他们发现，越南
高层官员会为其家乡所在的社（communes）提供更好的道路、
市集建设、洁净的水源、幼儿园、灌溉以及地方广播设施，以及
更好地从国家的"基层扶贫项目"中获利。这是由于在越南的文
化和社会规范中，家乡是一个人自身认同感的重要组成部分，
"造福家乡"的理念广泛流传，个人功成名就后回馈家乡已经被
深深植入人们的社会观念中。由于在越南政治中，官员对党负
责，普通民众对官员的职业前景没有影响力，因此，这种"裙带
关系"是纯粹的受利他主义的驱使②。Ciarleglio 通过案例研究揭
示出美国某州长在公共基金的使用上对其家乡所在的市存在显著
的偏袒，在任期间在其家乡兴建了很多公共项目，使得该地获得
了很多经济和政治上的好处。如，该州长在任期间，将康涅狄格
大学新校园的地址选在其家乡所在的市，由于该大学是一所公立
教育机构，因此该大学的选址被认为会为该市带来公共财政资

---

①　参见 Raphaël Franck and Ilia Rainer，2012，"Does the Leader's Ethnicity Mat-
ter? Ethnic Favoritism，Education and Health in Sub – Saharan Africa，" *American Political
Science Review* 106：296。

②　参见 Kieu – Trang Nguyen，Quoc – Anh Do，and Anh Tran，2011，"One Mandarin
Benefits the Whole Clan：Hometown Infrastructure and Nepotism in an Autocracy，" *Working
Paper*。

金。除此之外，该市长还通过其他项目将大笔的财政补助拨向该市，如皇宫剧院的再建工程等。Ciarleglio 用 "恩惠"（patronage）和偏爱（favoritism）来形容这种现象，在这里，恩惠被定义为将一个州的财政支出向某个市倾斜，并认为州长这种行为的动机很简单，就是为了提升其家乡的生活质量[1]。

另一些文献从官员的职业动机着眼，指出领导人对本种族成员的偏向行为是为了 "贿赂" 选民以 "购买" 选票：由于其了解本种族成员的需求，他能够更加有效率地向他们提供好处，因此向本种族成员 "购买支持" 相对于其他团体来说更加便宜[2]；而且，出于规避风险的考虑，政治家更加信任本族人会在得到好处之后真的能够在政治上支持他[3]。此外，Burgess 等人利用肯尼亚公路建设和政治领导人变迁的数据，发现肯尼亚的政治领导人偏向为其种族所在的区域，特别是其家乡，提供更好的公共品，比如公路，至于这种种族偏爱动机，他们认为互惠互利（patronage）和贿选（vote - buying effects）同时发挥了作用[4]。

以上研究揭示出，官员的籍贯、种族确实会对其公共物品供给行为产生约束。而在解释领导人为本家乡、本种族提供更好公共物品的动机时，现有研究往往将这种行为归因于 "偏爱" "利他主义" "贿选" 等因素，相比之下，本书将把本地籍贯作为一种非正式制度探求其对官员行为的影响，并将这种非正式制度放在影响官员行为的正式制度框架之下进行分析。

上一章和这一章作者介绍了当代中国公共物品供给的基本状

①　Matthew Ciarleglio, 2008, "Predicting State Allocation of Funds: The Case of John Rowland and his Hometown of Waterbury, Connecticut," *University of Connecticut.*

②　Avinash Dixit and John Londregan, 1996, "The Determinants of Success of Special Interests in Redistributive Politics," *The Journal of Politics* 58（4）: 1132 – 1155.

③　Gary W. Cox and Mathew D. McCubbins, 1986, "Electoral Politics as a Redistributive Game," *The Journal of Politics* 48（2）: 370 – 389.

④　Robin Burgess, Edward Miguel, and Ameet Morjaria, 2009, "Our Turn To Eat : The Political Economy of Roads in Kenya," *Working Paper.*

况，随后考察了古代与当代中国在官员管理上的官员籍贯回避制度，以及关于领导人个人特质与公共物品供给关系的研究。下一章中，作者将用系统数据定量地检验当代中国官员籍贯与地方公共物品供给水平的关系。

第5章 数据及实证分析

上两章分别讨论了当代中国公共物品供给的基本状况以及本地籍贯因素对官员行为的影响。本章是定量分析，其目的是用系统数据检验官员籍贯与地方公共物品供给水平间的因果关系。在第一小节中，作者将介绍实证分析所采用的数据以及回归模型。在第二小节中，作者将讨论实证结果。在第三小节中，作者基于省级数据检验了非正式制度在更高政府层级中所发挥的作用。

5.1 数据及模型

上文提到当代中国地方官员的籍贯和任职地存在着明显差异，即，有些地方领导是外地籍贯，有些干部则是在其家乡任职。同时，各地方公共物品供给水平也呈现出丰富的地区差异。以上这些差异为本书识别非正式制度对官员行为的约束作用提供了条件。本书实证分析所需数据涵盖了1990—2010年中国地市级的数据，下面对实证分析中用到的变量、数据来源和变量构建方法进行介绍。本研究的因变量有四个：教育支出水平、卫生支出水平、污染源治理投资水平、基础设施投入水平。考虑到财政支出的绝对值在不考虑通货膨胀因素的情况下直接使用会存在偏误，因而本研究采用各项公共物品支出占总财政支出的比例作为公共物品支出水平的代理。本书采用的公共物品供给的各项指标以及一系列的控制变量来自历年《中国城市统计年鉴》，财政数据来自《地市县财政统计资料》。具体的因变量构建方法如下：教育支出水平等于该市当年教育支出除以总财政支出的比例；卫生支出水平等于该市当年医疗卫生支出除以总财政支出的比例；污染源治理投资水平等于该市当年污染源治理投入除以总财政支出的比例；基础设施投入水平等于该市当年基础设施投入除以总财政支出的比例。

此外，本研究的核心自变量是领导人的籍贯，为了构建这一变量以及其他领导人个人特质变量，本研究构建了地市级领导人个人信息的数据。地市级市委书记和市长的名单来自 31 个省、自治区、直辖市 1991—2011 年的年鉴。名单收集完成之后，作者在人民网、新华网等官方网站上收集这些领导人的个人简历，随后将领导人的性别、籍贯地、出生年月、入党年月、参加工作年月、教育程度等详细的个人信息提取出来。最后作者将这些变量赋值：出生年月、入党年月、参加工作年月三个变量本身就是数字格式，因此无须单独赋值；对于"籍贯地"这一变量，由于简历中的籍贯都是具体到县，而作者观察的重点是该领导是否为本地级市籍贯，因此，作者需要生成一列新的变量为"籍贯（地级市）"作为核心自变量。为了生成这一新变量，作者参照了"县及县以上行政区划代码"①，通过这一代码作者将全国每一个县与其所属的地级市一一对应，再通过原有的"籍贯（县）"这一变量确定该领导人籍贯所属的地级市。在赋值时，作者将本地籍贯赋 1，外地籍贯赋 0，这一变量是本研究的核心变量。对于"教育程度"变量，作者将"初中、中专、高中、中学"赋值为 1（将初中与高中赋成同样的值是因为在数据中初中文化程度的观察值只有 12 个，因此不再将初中单独作为一类）；"大专、师范学校、大学肄业"赋值为 2；"大学、本科、函授本科、省委党校干部专修班"赋值为 3；"硕士、高级工程师"赋值为 4；"博士、博士后"赋值为 5。表 5.1 给出了本书

---

① 国家统计局设管司：《最新县及县以上行政区划代码（截至 2011 年 10 月 31 日）》，http://www.stats.gov.cn/tjbz/xzqhdm/t20120105_402777427.htm。

所用变量的详细出处。

表 5.1　　　　　　　　　　　　　地级市数据来源

变量	数据来源
人均 GDP，人口规模、城市人口比率、城市农村收入比	《中国城市统计年鉴》《中国区域经济统计年鉴》
年龄结构	1990 年、1995 年、2000 年和 2005 年人口普查数据（1995 年和 2005 年为 1% 人口抽样，1990 年和 2000 年为人口普查数据）
教育支出、卫生支出、污染源治理投资额、基础设施投入	《地市县财政统计资料》《中国城市统计年鉴》
市委书记/市长个人信息	各省、自治区、直辖市《年鉴》、人民网

各地级市在公共物品支出上的差异很大，以教育支出占总财政支出比重为例：莆田市的历年教育支出比重均值为 37.5%，而嘉峪关市的历年教育支出比重均值仅为 3.6%。在控制了一系列社会经济指标之后，作者发现各地级市在公共物品支出上的差异仍然很大，因此本研究试图从地级市领导的行为差异上寻找解释公共物品供给水平差异的原因。虽然由于本书是基于单一国家的研究，因此得以控制住文化、风俗、法律法规、政治体制等因素对公共品供给的影响。但是，定量地检验官员籍贯差异对于公共物品供给水平的影响仍然需要控制影响后者的其他决定因素。因此，在模型设置上本研究需要控制一系列可能对地方公共物品供给产生影响的社会经济指标，包括人均 GDP、人均 FDI、人口密度、城市人口比率、城乡人口收入比及年龄结构。本研究采用的回归模型如下：

$$\mathrm{PG}_{it} = \gamma local_{it} + \alpha P_{it} + X\Pi + \lambda_i + \zeta_t + \varepsilon_{it}$$

其中，i 表示省，t 表示年。

被解释变量

模型的被解释变量 PG，代表一系列公共品支出占总财政支出的比重。在本书的实证分析中有 4 个不同的指标代表公共物品供给的水平：第一个指标是教育支出占本级财政支出比重，测量基础教育供给水平①；第二个指标是医疗卫生支出占总财政支出比重，测量公共医疗水平②；第三个指标是污染源治理投资额比重，测量环境保护投入水平③；第四个指标是基础设施投资占总财政支出比重，测量基础设施投入水平④。在作者选取的四项地级市公共物品供给指标中，教育支出占财政总支出的比重最高，均值为 19.76%。图 5.1 展示了市委书记在地级市教育支出方面的比重均值，图中的两条折线分别代表了本地籍贯和外地籍贯的市委书记在任时该市在教育支出上的比重均值。该图显示出：在教育支出方面，从总体上来看，在1996—2006 年，本地籍贯的市委书记对教育的投入一直高于外地籍贯的市委书记。这显示出"本市人"的因素作为一种非正式制度对地方官员行为产生了影响。另外，作者注意到，在 1996 年，地级市对教育的财政投入比例处于一个最高点（无论是本地籍贯的市委书记还是外地籍贯的市委书记，教育支出占总财政支出的平均比例皆高于 23%）。作者推测，这可能与 1996 年《中华人民共和国义务教育法》的修订和施行有关。1996 年之后，本地市委书记与外地市委在教育支出比例上的差距维持在 1% 以内；2001 年，本地书记与外地书记的差别消失，从图上可以看出两条线出现重叠；2001 年之后，本地人与外地人的差距又开始逐渐拉大；2004 年，二者的差距最大（大于 2%）；2004 年之后，二者的差距逐步缩小，但是，本地籍贯的市委书记在教育上的投入比例始终高于外地籍贯的市委书记，从这个趋势可以看出，"本地籍贯"确实对市委书记的公共物品供给行为造成了非正式的约束。

下面看基础建设支出方面的情况。图 5.2 展示了市委书记在地

---

① 教育支出比重覆盖的年份为 1996 年、1998—2006 年。
② 医疗卫生支出比重覆盖的年份为 2003—2006 年。
③ 污染源治理支出比重覆盖的年份是 2003—2007 年。
④ 基础设施投资支出比重覆盖的年份是 1993—2006 年。

（%）

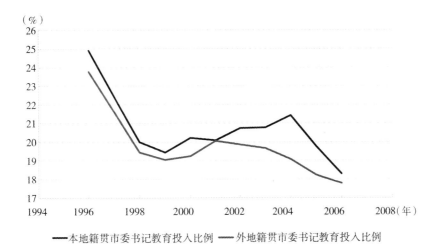

　　——本地籍贯市委书记教育投入比例　——外地籍贯市委书记教育投入比例

图 5.1　地级市教育支出占总财政支出比重均值，1996—2006 年（市委书记）

级市基础设施建设支出方面的比重均值，作者发现：除 1997、
1998 年两年之外，本地籍贯的市委书记在基础设施方面的投入一
直低于外地书记。上文已经提到，基础设施会显著带动当地 GDP
增长，因此该项投入被认为主要是受"人事管理制度"所造成的
晋升激励所驱使。这个趋势显示出，相对于本地籍贯的市委书记，
外地籍贯市委书记的行为主要受正式制度所约束。

　　关键解释变量

　　本书的关键解释变量是 *local*，该变量为代表市委书记/市长是
否为本地籍贯的哑变量，其赋值规则为如果官员籍贯是其实际任职
地则为 1，否为 0。就本研究涵盖的样本期内，市委书记在家乡任
职的比重为 8%，市长在家乡任职的比例是 16%，该比重大于市委
书记在本地任职的比重。

　　控制变量：领导人个人属性

　　除了籍贯之外，地方领导人的其他个人属性对于其行为也
会发生潜在影响。这些属性用向量 *P* 表示，包括年龄、性别、
教育程度。本书发现，市委书记的年龄对该地教育、医疗卫
生、环境保护支出有正向影响，而教育程度与地级市的教育支
出和基础建设支出正相关。就以上这些领导人的个人属性来说，

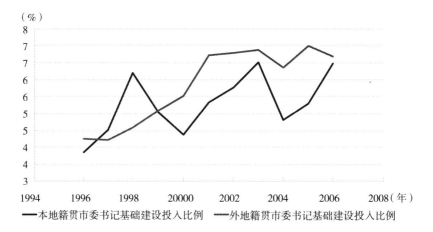

（%）

本地籍贯市委书记基础建设投入比例　　外地籍贯市委书记基础建设投入比例

图 5.2　地级市基础建设支出占总财政支出平均比例，1996—2006 年（市委书记）

市长的平均年龄比市委书记小，而市长的教育程度略微高于市委书记。图 5.3 展示了 1990—2011 年地级市市委书记和市长的平均年龄，作者发现，地级市市委书记的年龄普遍大于市长 2—3 岁。这是因为，虽然在级别上市委书记和市长都属于市厅级一级的干部，但事实上市委书记相比于市长拥有更大的权力，因此也往往由资格更老的干部担任。然而，作者同时发现，2004 年后，市委书记和市长的年龄都呈现缓慢增长的趋势，这与改革开放以来一直所倡导的干部年轻化的趋势不符，作者的解释是，干部年轻化的趋势可能是对较低层级的干部来说的，市厅级干部由于层级较高，不会轻易受影响。

图 5.4 和图 5.5 分别展示了地级市市委书记和市长的教育程度分布，作者发现，在地级市市委书记和市长中，拥有硕士学位的领导比例几乎达到五成，分别为书记 46%，市长 48%；其次是大学学历，分别为书记 35%，市长 31%；而中学及以下的地级市领导所占比例极小，书记中只有 2% 为中学及以下学历，市长中这一比例更小，仅为 1%。这体现出在市厅级干部任命过程中对学历有着较高的要求。

控制变量：社会经济指标

（年龄）

——地级市书记平均年龄　——地级市市长平均年龄

图 5.3　地级市领导人平均年龄，1990—2011 年

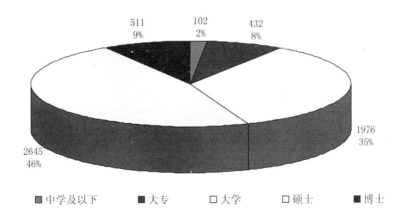

511
9%
102
2%
432
8%
1976
35%
2645
46%

■中学及以下　■大专　□大学　□硕士　■博士

图 5.4　地级市市委书记教育程度分布图，1990—2011 年

　　地方政府行为同样会受到该地社会经济情况的制约，同时这些变量和本书的关键解释变量可能存在一定程度的相关关系。为了避免由此产生的内生性问题，本书的模型也将这些因素纳入了考察范围。本研究选取的社会经济指标包括：人均 GDP，测量当地经济发展水平；城市人口比率，用来测量城市化水平的指标；城市农村人均收入比率；人口规模；人口年龄结构：依次用 5—14 岁人口比

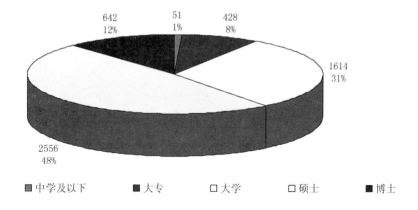

图 5.5　地级市市长教育程度分布图，1990—2011 年

重及 65 岁以上人口比重测量①；以及人均 FDI。最后 λ 是时间不变的地区效用，ζ 表示地区不变的时间效用；ε_{it} 是其他可能起作用但是没有被模型捕获的因素，按照假设应该随机分布于本模型的被解释变量。

表 5.2 是地级市数据各变量的统计描述，其中报告了这些变量的观察值数量、均值和方差。

表 5.2　　　　　　　　　　主要变量的均值和方差：地级市

	观察值	均值	方差
教育支出比重（%）	3312	19.76	5.37
卫生支出比重（%）	3125	4.70	1.82
污染源治理投资比重（%）	2239	4.37	2.63
基建支出比重（%）	4159	4.13	5.98
市委书记属性			
籍贯为任职地	5772	0.08	0.26
年龄	6023	51.35	4.27
性别（女＝1）	6246	0.02	0.15
党龄	5152	27.67	5.80
教育程度	5666	3.53	0.83

①　在数据构建中，由于各年龄段人口比重的分地市数据只有 1990 年、1995 年、2000 年和 2005 年，其中 1995 年和 2005 年为 1% 人口抽样，1990 年和 2000 年为人口普查数据。

	观察值	均值	方差
市长属性			
籍贯为任职地	5281	0.16	0.37
年龄	5541	49.27	4.45
性别（女＝1）	5848	0.04	0.20
党龄	4515	25.60	5.73
教育程度	5291	3.63	0.83
人口密度（人/平方公里）	6246	367.23	396.14
人均 GDP（元，按 2000 年可比价格）	6246	17785.14	15602.34
城市人口比率	6246	0.32	0.17
城乡人口收入比	6246	2.31	0.67
5—14 岁人口比率（％）	6246	17.51	0.41
65 岁以上人口比重（％）	6246	9.37	0.40
人均 FDI（元，按 2000 年可比价格）	5613	410.23	1141.37

　　说明：为了比较的方便，本表所列的变量均没有经过对数变换，不过在实证检验中作者采用了变量的对数形式。人均 GDP、人均 FDI 按照 2000 年 CPI 为基数进行调整。教育程度变量的设置为：中学及以下 1、大专 2、大学 3、硕士 4、博士 5。样本包括 1990—2010 年，覆盖 378 个地级市和市辖区。

5.2　实证结果及讨论

　　表 5.3 是基于上文所介绍模型的回归结果。作者发现市委书记的籍贯对上述教育、卫生及环境支出均有正向作用：在其他条件一样的情况下，籍贯是任职地的书记比籍贯是非任职地的书记在三项支出比重上分别高出 0.43%、0.11% 和 0.17%。除了环境支出比重，同样的图景也存在于市长上，但是系数及显著水平要小于市委书记的估计结果。上述三项公共支出比重的上升意味着其他支出项的变化。由于决定官员晋升的标准是 GDP，现有文献已经发现基

础设施投资是实现 GDP 的重要手段①。因此作者也关心非正式制度
是否对正式制度的考核指标存在影响。本研究发现，非正式制度削
弱了该项支出比重：这可以从表 5.3 的第 4 列的发现看出，无论是
本地市委书记还是市长，在基础设施项目支出比重上均低于外地领
导人在该项上的支出比重。对于非正式制度和基础设施之间的负相
关关系，作者认为有两个原因：第一，地方财政规模既定的情况
下，在公共品领域的投资的增加会挤压在基础设施方面的投资；第
二，也是更为重要的原因是，目前地方政府提供的基建存在重复建
设、"面子工程"等问题。其背后更多地体现出地方官员通过基建
创造 GDP 而谋求晋升的逻辑。在这个意义上，虽然基础设施建设
也可以惠及当地居民，但是，基建投资和其他公共品投资背后的官
员动机上存在显著的区别。正是这种区别产生了回归结果中的
差异。

就领导人的其他个人属性上，作者发现年龄和教育程度均对某
些公共物品供给存在显著影响：

首先，对于市委书记的年龄对于公共物品供给程度的作用，本
书发现，年龄对教育、医疗卫生和环境保护三项支出均有显著的正
向作用。该发现呼应了 Kung 和 Chen 的发现，他们认为随着年龄
的增长距离退休年纪的临近，地方领导受到晋升的概率就会降
低②。因此，和相对年轻的地方领导人相比，那些年纪较大的领导
人通过推动 GDP 谋求晋升的动力较低。相应地，年龄偏大的领导
人会增加其任期内的公共品供给水平，尽管这些投入与晋升考核关
系不大。作者尝试用领导人任职届数替换年龄，依然得到相似的结
论：和那些处于第一届任期的领导人相比，那些任期超过 1 届的领

---

① 参见张军、高远、傅勇、张弘《中国为什么拥有了良好的基础设施?》，《经济
研究》2007 年第 3 期。

② 参见 Kung, James Kai – sing, and Shuo Chen, 2011, "The Tragedy of the Nomen-
klatura: Career Incentives and Political Radicalism during China's Great Leap Famine," *Ameri-
can Political Science Review* 105: 27 – 45.

导人（晋升机会较低）的公共品供给水平较高。此外，作者没有发现地级行政单位的公共品供给随着领导人性别的不同而存在统计上的差异。

其次，领导人的教育程度对教育支出和基建支出比重有显著的正影响：教育程度每提高一个级别，上述两项支出指标会相应提高0.34%和0.17%。领导人本身教育程度对教育投入的影响表明，领导人本身教育程度越高，他就更加认同教育会带来积极作用，因此，在其施政时就越重视提高地区内整体教育水平。

就其他影响地方公共物品供给的社会经济指标来说，作者有以下发现：

第一，人口密度对三项公共品支出没有显著影响。这在一定程度上是因为人口和人均 GDP 存在正相关关系：中国人口密度高的地区位于东部沿海，同时也是经济发展程度最高的地区。因此，人口密度的部分作用被人均 GDP 获取。

第二，人均 GDP 对教育、医疗卫生、环境保护以及基础建设支出四项公共物品指标均有显著的正向作用。这符合常识性的判断，即一个地区越富裕，该地区为民众提供公共物品和服务的水平就会越高。

第三，城市化和人均 FDI 对公共支出份额有显著正向关系：人均 FDI 对基建支出比重的作用最大：人均 FDI 支出每增加 1%，基建支出比重增加 2.32%。一个地级市经济发展程度越高，该市就更加具备财力，因此有条件对公共物品进行更多投入；而随着城市化进程的加快和 FDI 为地方带来更多的资金和技术，当地对配套公共物品供给水平的需求也相应增加。

第四，城市人口比率与公共物品支出存在正向关系。城市人口比率增加 1%，相应的教育支出比例会增加 0.65%，医疗卫生支出比例增加 0.19%，环境保护支出增加 0.5%，基础设施建设支出增加 1.04%。这一方面是由于公共物品供给明显侧重于城市[①]，因此，城市人口的比重越高，公共物品供给水平就越高。另一方面，由于在农村人口相对分散，在农村提供公共物品的成本较高，因此，城市人口比率越高（也就意味着农村人口比率越低），公共物品供给的效率也就越好。

第五，人口结构对于公共品支出取决具体年龄段比重，其中未成年人人口比重增加 1%，教育支出相应提高 0.24%；老年人口比重增加 1%，卫生支出提高 0.39%。但这两个指标对环境支出和基建支出比重没有显著影响。这显示：未成年人人口比重的增加意味着该市需要更多的教育资源，因此会引起该市在教育支出方面的比重上涨；而由于老龄人口需要更频繁的医疗服务，因此，一个地级市老年人比重的增加会使得该地方的卫生支出比重有所提高。

表 5.3　　　非正式制度与公共品供给（地市级）：LSDV 估计

	教育支出比重	卫生支出比重	环境支出比重	基建支出比重
	(1)	(2)	(3)	(4)
市委书记属性				
本地	0.43***	0.11***	0.17***	-0.07***
	(0.09)	(0.02)	(0.04)	(0.02)
年龄	0.01**	0.00*	0.00*	-0.00
	(0.05)	(0.00)	(0.00)	(0.00)
性别	0.15	0.09*	0.10	0.06
	(0.43)	(0.04)	(0.10)	(0.05)
教育程度	0.34***	0.08	0.13	0.15***
	(0.09)	(0.16)	(0.25)	(0.04)

---

① Xiaobo Zhang, Shenggen Fan, Linxiu Zhang and Jikun Huang. 2004. "Local Governance and Public Goods Provision in Rural China," *Journal of Public Economics*, Volume 88, Issue 12, pp. 2857—2871.

	教育支出比重	卫生支出比重	环境支出比重	基建支出比重
市长属性				
本地	0.14*	0.07*	0.09	0.09
	(0.08)	(0.04)	(0.15)	(0.12)
其他属性	有	有	有	有
人口密度（ln）	0.90	1.23	1.02	2.11*
人均GDP（ln）	0.76***	0.42***	0.17***	0.65***
城市人口比率	0.65***	0.19**	0.50**	1.04***
城乡人口收入比	-0.12**	-0.08*	-0.14**	-0.43**
5—14岁人口比重（%）	0.24***	0.20	0.21	0.31
65岁以上人口比重（%）	0.21	0.39***	0.18	0.10
人均FDI	0.66***	0.50***	0.79***	2.32***
常数项	0.78***	0.12***	0.23***	1.19***
Observations	3017	2918	1124	3785
省固定效用	有	有	有	有
年固定效用	有	有	有	有
R – squared	0.75	0.71	0.80	0.77

说明：＊＊＊为1%水平显著；＊＊为5%水平显著；＊为10%水平显著。

在当今中国，官员行为主要受正式的干部管理制度所约束，上文中已经介绍了人事管理制度对官员行为的强有力影响，即造成了地方官员普遍"重经济、轻文教"的行为倾向。因此，显而易见，在全国范围内实行的干部人事制度也无法解释为何不同地级市的公共物品供给水平如此不同。因此，作者转而从约束地级市领导行为的非正式制度上寻求对公共物品供给水平差异的解释。作者给出的逻辑是相比于籍贯在外地的官员，那些在其家乡任职的领导人偏向为本地提供更多的公共物品。相对于外地官员，本地官员会更多地被嵌入当地的人际网络里面，出于对本人以及本家族在家乡声望的重视，他们会更加有动力对民生项目进行更多投入。这些来自当地社区的道德评价赋予本地官员一种额外的约束，事实上发挥了实实在在的问责作用，这会促使他们做出一些有利于该地区的行为，如增加教育和医疗方面的投入等。

在本书所检验的各类别公共物品中，教育、医疗与环境保护这几项公共物品具有相似的性质，都属于投入之后见效缓慢的民生项目，且在现行的自上而下的干部考核体系中不受上级重视。而基础设施建设虽然也属于公共物品的范畴，但是由于基础设施投入能够显著地带动当地 GDP 增长，因此能够凸显地方领导政绩，故而这类公共物品的投入通常被认为是受"晋升激励"所驱使①。

5.3　非正式制度对省级政府行为的影响

利用建立在地市级层面上的数据，本书已经发现地方领导人的籍贯对其行为发挥了显著的作用。这些发现意味着即使在完全由正式制度主导的官员治理中，非正式制度依然发挥着不可忽视的作用。下一个问题是，该约束作用是否随着官员的阶层高低而发生变化，特别地，相对于地级领导人，那些处于较高阶层的省级领导人是否同样面临非正式制度的约束？和省相比，地级市由于辖区范围较小，"本市人"对于地市级领导人有较强的约束，因此该非正式制度容易发挥作用。但对于一个省级领导人来说，其任职地是否是本省对于该领导人的约束应显著小于地级市。由此，作者预期非正式制度的作用应随着行政阶层的升高而逐渐减弱。具体体现在实证分析中，如果采用省级数据，领导人籍贯变量的作用将显著小于基

---

① 参见张军、高远、傅勇、张弘《中国为什么拥有了良好的基础设施?》，《经济研究》2007 年第 3 期。

于地级市的结论。为了检验上述假设，作者按照表 5.2 的结构，建立了该表的省级数据。对这些省级变量的统计描述见表 5.4。对比

表 5.4　　　　　　　　　主要变量的均值和方差：省级

	观察值	均值	方差
教育支出比重（%）	644	4.26	3.18
卫生支出比重（%）	644	6.41	3.93
污染源治理投资比重（%）	644	4.03	2.11
基建支出比重（%）	644	3.47	3.98
省委书记属性			
籍贯为任职地	644	0.17	0.37
年龄	644	59.55	4.08
性别（女 = 1）	644	0.00	0.04
党龄	644	36.63	6.43
教育程度	639	2.83	0.97
省长属性			
籍贯为任职地	644	0.37	0.48
年龄	644	57.81	4.07
性别（女 = 1）	644	0.01	0.10
党龄	640	32.48	7.36
教育程度	644	3.01	0.84
人口密度（人/平方公里）	644	336.19	369.60
人均 GDP（元，按 2000 年可比价格）	644	7365.21	6983.10
城市人口比率	644	34.62	18.03
城乡人口收入比	644	2.74	0.65
5—14 岁人口比率（%）	644	17.52	0.43
65 岁以上人口比重（%）	644	9.41	0.41
人均 FDI（元，按 2000 年可比价格）	644	123.45	416.36

说明：变量定义同表 5.2。样本包括 1990—2010 年，覆盖 30 个省市自治区。重庆市的数据按照人口加权平均被归并到四川省。

数据来源：教育、卫生、污染源治理、基建支出来自历年《中国财政年鉴》（财政部出版社），FDI 数据来自《中国商务年鉴》（中国商务出版社）及 China Data Online。各年龄段人口比重的分省数据只有 1990 年、1995 年、2000 年和 2005 年，其中 1995 年和 2005 年为 1% 人口抽样，1990 年和 2000 年为人口普查数据。其他数据来自 China Data Online（中国数据在线）：http://chinadataonline.org/index.asp。

表 5.2, 可以发现, 卫生和环境治理支出在省级预算内占财政总支出的比重略高于其在地级市中的比重, 但基建支出和教育支出则低于地级市。这意味着基层政府领导人面临着更高的绩效考核, 因此将财政支出优先用于 GDP 相关的项目。就省级领导人个人特质来说, 其发现和地市级领导人相似: 省委书记的年龄大于省长, 教育程度及在家乡省份任职比重低于省长。

表 5.5 基于省级数据重新检验了非正式制度对于公共支出的影响。为了便于比较, 其模型结构和表 5.3 相同。作者发现, 非正式制度在省级行政单位依然发挥作用, 但是系数比表 5.3 有明显的降低。这些发现证实了上文的推测: 本书关注的非正式制度在地级政府发挥较为显著, 省级领导人则面临着较强的正式制度约束。对比表 5.3 的市委书记对于公共支出决策权显著大于市长, 作者用 Hausman 检验了省委书记籍贯和省长籍贯的大小, 发现它们之间没有统计上的显著不同。同地级领导人相同的是, 省委书记和省长的籍贯地对于基础建设支出比重同样有负影响。

表 5.5　　　　非正式制度与公共品供给 (省级): LSDV 估计

	教育支出比重	卫生支出比重	环境支出比重	基建支出比重
	(1)	(2)	(3)	(4)
省委书记属性				
本地	0.20***	0.08*	0.11***	-0.03**
	(0.04)	(0.04)	(0.02)	(0.01)
年龄	0.00*	0.00	0.00	-0.00
	(0.00)	(0.01)	(0.00)	(0.00)
性别	0.04	0.01*	0.16	0.03
	(0.16)	(0.00)	(0.18)	(0.05)
教育程度	0.09**	0.10	0.17	0.12***
	(0.04)	(0.07)	(0.26)	(0.04)
省长属性				
本地	0.21**	0.10**	0.09***	-0.01

	(0.10)	(0.04)	(0.03)	(0.13)
其他属性	有	有	有	有

续表

	教育支出比重	卫生支出比重	环境支出比重	基建支出比重
人口密度（ln）	1.19	1.00	0.89	0.99***
人均 GDP（ln）	0.99***	1.23***	0.29***	1.31***
城市人口比率	0.54***	0.25**	0.44**	1.01***
城乡人口收入比	−0.41**	−0.12*	−0.36**	−0.55**
5—14 岁人口比重	0.09**	0.17	0.15	0.25
65 岁以上人口比重	0.12	0.21***	0.20	0.18
人均 FDI	0.78***	0.55***	0.56***	1.54***
常数项	0.49***	0.36***	0.59***	1.23***
Observations	644	644	644	644
省固定效用	有	有	有	有
年固定效用	有	有	有	有
R – squared	0.41	0.50	0.45	0.36

说明：* * * 为 1% 水平显著；* * 为 5% 水平显著；* 为 10% 水平显著。

综合表 5.3 和表 5.5 的实证证据，作者发现非正式制度对地方政府行为有一定的约束作用，但该制度的作用随着行政级别的升高而递减。同时，非正式制度是影响 GDP 的实现指标之一：基础设施投资比重，而和正式制度产生互动。

本章通过地级市数据系统验证了官员籍贯与地方公共物品供给水平之间的关系。下一章作者将通过案例分析和访谈探求非正式制度对官员行为产生约束的机制，从而更好地理解本地籍贯因素发挥作用的渠道。

第6章 因果机制：案例研究

在上一章中，实证分析的结果显示本地籍贯领导相比于外地籍贯领导会在教育、医疗、环境保护方面有更多投入。虽然统计分析可以帮助作者识别出官员籍贯与公共物品供给水平之间的总体模式，然而，统计分析揭示出的仅仅是一种相关性（correlation），而非因果关系（casaulity）。统计学上有这样一句俗语："相关并不意味着互为因果。"（Correlation does not imply causation.）本书的实证分析结果显示出官员籍贯与地方公共物品供给二者存在显著的相关性，但是，究竟二者是仅仅存在相关关系还是具有因果关系？其因果机制又是怎样的？要回答这些问题，仅仅依靠实证结果是不够的，因此，在这一章，作者将通过案例分析和访谈，详细探索非正式制度是如何对个体官员施加约束进而影响其行为的。

本章分为两个小节，在第一小节中，作者基于二手材料展示出中国东部和西部两个地级市中本地领导在当地公共物品供给方面的突出表现。随后，考虑到二手材料可能存在偏见，作者又通过四个访谈进一步考察了普通民众对本地、外地官员的看法，从而归纳出本地籍贯官员为当地提供公共物品的逻辑。

6.1 案例分析

这一小节作者选取了两个案例详细说明本地籍贯领导在当地公共物品供给上做出的突出成绩，并将重点放在本地籍贯因素发挥作用的机制上。为了消除经济发展水平对该地公共物品支出可能产生的影响，本书选取的两个城市在经济发展水平上是存在显著差异的：第一个案例——山东省东营市的人均 GDP 为 116448 元（17202 美元），居内地城市的第 4 位；而第二个案例——甘肃省兰州市的人均 GDP 为 30430 元，排名居 123 位①。下面作者将分别对这两个案例进行分析。

6.1.1　山东省东营市市委书记石军

首先，作者通过山东省东营市本地籍贯市委书记的例子来分析本地籍贯因素对公共物品供给发挥作用的逻辑。东营市位于山东省北部黄河三角洲地区，1983 年成立地级市。东营市辖东营、河口 2 个区，广饶、垦利、利津 3 个县，共有 40 个乡镇街道，其中 14 个街道、23 个镇、3 个乡②。就东营市的经济发展水平来看，2010 年，全市生产总值达到 2360 亿元，居内地城市（含直辖市）第 45 位，城市综合竞争力列全国第 25 位。人均 GDP 为 116448 元（17202 美元），居内地城市的第 4 位。地方财政总收入 104.88 亿元，城镇居民人均可支配收入 23796 元（3515 美元）；农村居民人均纯收入 7938 元（1173 美元）③。

通过收集相关新闻报道等二手资料，作者发现，东营市市委书记石军在任期间（2001—2005 年），当地公共事业发展非常突出。从作者收集的统计数据也可以直观地看出石军在任期间，东营市对教育事业的投入相比于其前任班子有显著增加。从他的简历中，作者了解到，石军是山东省东营市利津县人，自 1997 年年底开始在东营市工作，先后担任山东省东营市委副书记、代市长、市长、书记、

---

① 参见 http://www.hotelaah.com/gdp_per_2010_337.html。

② 来源：东营市政府网站，http://www.dongying.gov.cn/html/hzqh/index.html。

③ 来源：东营市政府网站，http://www.dongying.gov.cn/html/hzqh/index.html，以及维基百科 http://zh.wikipedia.org/wiki/%E4%B8%9C%E8%90%A5%E5%B8%82。

市人大常委会主任①。作者认为，石军之所以在公共物品供给方面有
突出表现，正是由于他的东营本地人身份对其行为造成的约束。

先看一下石军相比于其前任在教育上的支出。考虑到教育支出的
绝对数额可能会受到通货膨胀的影响，这里作者采用"教育支出占总
财政支出比例"作为指示教育投入的指标。表 6.1 显示了东营市
1997—2005 年教育支出占总财政支出比例的数据，这九年间，东营市
共有两任市委书记，作者将每任市委书记在任期间的"教育支出占总
财政支出比例"计算出一个均值，通过比较这两个均值，作者发现，
东营本地籍贯的市委书记石军在教育支出上的投入显著高于淄博籍贯
的市委书记国家森（石军在任期间"教育支出占总财政支出比例"为
16.31%，而国家森在任期间这一比例为"13.09%"参见表 6.1）。

表 6.1　　　　　　山东省东营市市委书记籍贯与教育投入

年份	市委书记	籍贯	教育支出占总财政支出比例（%）	每任市委书记在任期间"教育支出占总财政支出比例"均值（%）
1997	国家森	山东省淄博市（外地籍贯）	12.23	13.09
1998			14.03	
1999			12.92	
2000			13.17	
2001	石军	山东省东营市（本地籍贯）	15.20	16.31
2002			13.48	
2003			13.38	
2004			21.04	
2005			18.44	

资源来源：列 1 和列 2《山东省年鉴 1998，1999，2000，2001，2002，
2003，2004，2005，2006》；列 3：http://sd.people.com.cn/GB/215391/
215907/14585863.html；http://politics.people.com.cn/GB/41223/14770540.html；
列 4:《地市县财政统计资料汇编》。

---

① 石军简历，参见附录二。

当然，教育支出只是衡量公共物品供给水平的标准之一，通过新闻报道，作者看出石军在其他民生事业上的投入也相当突出。2006 年（石军在任的最后一年），东营市在山东省率先基本实现了"三免五通五保五救助"①："三免"指全部免征农业税及附加，全部免收农村义务教育阶段学生杂费、课本费、作业费，全部免征集贸市场管理费。"五通"是村村通柏油路、通客车、通自来水、通有线电视、中小学微机联网校校通。"三免五通"大大减轻了农民负担，农村生活环境和生产生活质量都得到显著改善。"五保"：一是设立城乡养老保险，农村适龄投保率达到 50% 以上。二是设立了农村最低生活保障，低保标准为每人每年 700 元钱、500 斤粮，折合现金比民政部确定的温饱线高 500 元。三是实施医疗保险。2006 年全市农村医疗保险参保率达到 91%，看病能像城里人一样按比例报销。在全面推行农村医疗保险的基础上，东营市对困难群众原来由个人交纳的保险金改为由市财政承担。四是农村五保老人集中供养，供养标准为每人每年 2500 元，集中供养率达到 97%，老年人得以安度晚年。五是失业保险。失业保险覆盖范围扩大到进城务工农民。"五救助"包括教育救助、残疾人救助、灾害救助、老年人救助和困难群众住房救助。在教育救助上，2002 —2006 年，市政府共发放救助金 728 万元，救助贫困小学生 2.2 万人次。总的来说，"三免五保五救助"体系的建立大大减轻了农民负担，农村生活环境和生产生活质量都得到显著改善。使东营广大农民不再为基本生活而担忧，因病致贫、因病返贫的问题得到较好解决，学生不再因贫困而辍学，老人们可以安度晚年②。

为了实现以上这些目标，2002—2006 年五年间，市县财政共向"三农"投入 32 亿元。2005 年，市财政安排"三农"资金 4.6

① 王汝堂：《要让农民吃得好住得好 山东北大荒追梦新农村》，http://business. sohu. com/20060715/n244273418. shtml。
② 杨进欣：《山东东营：构建农民社会保障救助体系》，http://news. xinhuanet. com/employment/2005 –09/11/content_ 3474753. htm。

亿元, 占总支出的 29.6%, 2006 年安排了 5 亿元, 连续几年的财政支农支出均占总支出的近三分之一①。

在第二章中, 本书谈到, 虽然上级对地方政府公共物品供给工作作出了相关规定, 然而, 由于经济发展指标在官员考核体系中占据核心位置, 地方官员往往将工作重心放在 GDP 增长上。由于公共物品和服务方面的指标在整个干部考核体系中占据次要位置, 官员往往没有很大动力去投入民生方面的项目, 虽然这些可能是受老百姓欢迎的。然而, 东营市委书记大力发展社会保障事业的例子却并不符合这一模式。作者认为, 在这一案例中, 本地籍贯作为一种非正式制度影响了官员的个人选择。从对石军的访谈资料中, 作者看到, 他本人深知将财政支出大比例地投入到民生工程上不能够使他在干部考核体系中占据优势。在访谈中, 他谈道: "有的好朋友直言不讳地说: 石军啊, 傻了吗, 大把的票子, 五年 65 个亿, 投向三农, 投向农村, 千家万户看不出政绩, 打了水漂, 你不会拿出至少三分之一, 在中心城搞它几个形象工程吗? 那还光灿灿的, 还显示自己政绩"。作者认为, 在正式的激励机制之外, 本地籍贯对他的行为产生了一种非正式的问责, "对家乡的认同" 促使他去履行公共义务, 即使在正式的考核机制下他的这种行为不会受到奖励, 甚至还可能对他产生不利的影响。正是本地籍贯这个因素促使他对家乡的公共事业有了更多的投入。在访谈中, 他谈道: "我觉得农民很苦, 农民很难, 农民很穷, 农民最老实巴交, 我们应该给他办这些事情, 我本身就出生在利津县的穷乡僻壤当中, 我有这个体验。在生我养我的地方, 只要为老百姓, 为我的父老乡亲, 办一些事情, 都是应该的, 受一些难

---

① 刘加增、魏东、李海燕:《社会主义新农村的雏形——东营统筹城乡发展的意义》, http://www.dzwww.com/xinwen/xinwenzhuanti/xky/xg/200509/t20050908_1185543.htm。

为，都是应该的，我觉得难中有高兴，难中有乐，苦中有高
兴，苦中有乐。"① 通过这个例子，本书看出，相比于那些外地
干部，即使在存在强有力的正式制度的情况下，本地籍贯官员
的行为仍然会更多地受到非正式制度的影响，

6.1.2　甘肃省兰州市市委书记陈宝生

石军所任职的山东省东营市是一个相对富裕的城市，2010 年，
该城市人均 GDP 为 116448 元（17202 美元），居内地城市的第 4
位，因此，在解释石军对公共事业的投入时，很难排除当地经济发
展水平的影响。为了消除这种顾虑，作者选取了另一个经济发展水
平较为落后的城市，甘肃省兰州市，通过考察兰州市本地籍贯和外
地籍贯领导在公共物品供给行为上的分别，本书的发现得到了进一
步的证实。

兰州是甘肃省省会，位于黄河上游，是中国陆域的几何中心。
兰州现辖城关、七里河、西固、安宁、红古 5 个区和永登、榆中、
皋兰 3 个县。② 2010 年，兰州市 GDP 为 1100.39 亿元（162.55 亿
美元），居内地城市第 106 位；人均 GDP 30672 元（4531 美元）
（为东营市同年的 26%）③。2010 年，兰州市城镇居民人均可支配
收入为 14062 元（为东营市同年的 59%）；农民人均纯收入为 4587
元（为东营市同年的 58%）。

---

① 《石军：情倾黄河三角洲（书记市长访谈——东营篇）》，http：//www.sdtv.
com.cn/lanmu/talk/benqi/200604/3962.htm。

② 兰州人民政府网站，http：//www.lz.gansu.gov.cn/zjlz/。

③ 见维基百科词条注释，http：//zh.wikipedia.org/wiki/% E5% 85% B0% E5%
B7% 9E% E5% B8% 82；http：//zh.wikipedia.org/wiki/% E4% B8% AD% E5% 9B% BD%
E5% A4% A7% E9% 99% 86% E5% 9B% BD% E5% 86% 85% E7% 94% 9F% E4% BA% A7%
E6% 80% BB% E5% 80% BC% E8% BF% 87% E5% 8D% 83% E4% BA% BF% E5% 85% 83%
E5% 9C% B0% E7% BA% A7% E4% BB% A5% E4% B8% 8A% E5% 9F% 8E% E5% B8% 82%
E5% 88% 97% E8% A1% A8。

表 6.2　　　　　　　甘肃省兰州市市委书记籍贯与教育投入

年份	市委书记	是否本地	教育支出占财政总支出比例（%）	每任市委书记在任期间"教育支出占总财政支出比例"均值（%）
1996	陆浩	河北省秦皇岛市（外地籍贯）	16.12	15.70
1997				
1998			14.59	
1999			16.40	
2000	王军	辽宁省朝阳市（外地籍贯）	17.29	16.52
2001			15.21	
2002			15.73	
2003			16.80	
2004			17.56	
2005	陈宝生	甘肃省兰州市（本地籍贯）	18.23	17.92
2006			17.62	

资料来源：列 1 和列 2《甘肃省年鉴 1997，1998，1999，2000，2001，2002，2003，2004，2005，2006，2007》；列 3：http://news.xinhuanet.com/ziliao/2002 - 03/05/content_ 301197. htm；http://baike.baidu.com/view/313534. htm # sub5374369；http://leaders.people.com.cn/GB/58318/58458/98160/98170/6164677. html 列 4：《地市县财政统计资料汇编》。

从作者所掌握的 1996—2006 年的地级市财政数据来看，这 11 年间，兰州市共有三任市委书记，分别是河北省籍贯的陆浩（1996—1999 年在任）、辽宁省籍贯的王军（2000—2004 年在任）和甘肃兰州本地籍贯的陈宝生（2005—2007 年在任）。陈宝生，1956 年出生，甘肃兰州人，2004 年 11 月由甘肃省宣传部部长调任为兰州市市委书记①。通过比较每任市委书记在职期间"教育支出占总财政支出比例"的平均值，作者发现，兰州本地籍贯的市委

---

① 陈宝生简历，参见附录三。

书记陈宝生对教育方面的投入最多（陈宝生在任期间兰州市"教育支出占总财政支出比例"平均值为 17.92%，而他的前任陆浩和王军则分别为 15.70% 和 16.52%，参见表 6.2）。

　　当然，教育支出占总财政支出比例仅仅是衡量公共物品投入水平的一个指标，通过进一步的考察，作者发现，陈宝生担任市委书记期间，兰州市在其他事关民生的项目以及民主政治建设方面的成果也较为引人注目[1]，在陈宝生在任期间，兰州近年来初步建立起全方位、多层次、全覆盖的社会救助制度体系，基本实现了三个"应保尽保"，走在了全省乃至全国的前列。[2] 他在公共品供给方面的政绩主要表现在以下方面：（1）建立城乡困难群众生活保障体系，实现三个"应保尽保"。三个"应保尽保"指的是城市低保对象应保尽保、农村低保对象应保尽保、农村五保供养对象应保尽保。2006 年、2007 年兰州市连续提高城市低保标准，2006 年全年累计发放保障金 1.4 亿元，多种困难人群都被纳入低保范围，实现了应保尽保。2006 年 10 月，全市建立实施农村居民最低生活保障制度，把 4.2 万年人均收入低于 675 元的绝对贫困人口全部纳入低保范围，年人均补助 360 元；农村五保供养标准最低为每人每年1200 元，最高的已达到 3800 元，全市近 3000 名农村五保对象达到当地农村居民平均生活水平。（2）推行合作医疗制度。兰州市全面推行新型农村合作医疗制度，将全市 130 多万农村人口全部纳入新型农村合作医疗；建立城市低保人员医疗保险制度，使 12.5万城市低保人员享受医疗保险待遇。政府筹集 300 万元资助城乡困难群众参加新型农村合作医疗和城市低保人员医疗保险；全面实施

---

　　① 陈宝生的主要政绩之一是他上任后在兰州开展了的"治庸风暴"，旨在鼓励官员有所作为，发挥百姓对官员的监督。这属于民主政治方面的成绩。具体参见《甘肃省委常委、兰州市委书记陈宝生央视细说治庸》，http：//www. tianshui. com. cn/news/lz/2006040112183157653. htm。

　　② 《兰州城乡社会救助全覆盖明年低保提高 10%》，http：//www. gs. xinhuanet. com/news/2007 - 01/17/content_ 9063785. htm。

城乡医疗救助制度，将17万城乡低保对象、农村五保对象、重点优抚对象纳入医疗救助范围。加快城乡医疗服务体系和救助体系建设。（3）教育"两免一补"。2004年（陈宝生上任那年）以来，兰州市全面实施城乡义务教育经费保障机制改革，落实"两免一补"政策，全部免除农村义务教育阶段学生学杂费，对农村贫困家庭学生免费提供教科书，农村贫困家庭学生寄宿生活费补助最低标准239元/每年每人，并逐年提高。2006年"两免一补"惠及全市23万城乡学生，减免、优惠和资助资金额7000.9万元，其中市县区财政筹集资金908万元。

正式的官员管理制度无法解释为何有些干部对民生方面的项目会有额外的动力，因为所有官员面临的正式激励都是一样的。因此，作者将这种行为归因于本地籍贯给官员施加的非正式影响。

通过陈宝生的访谈资料，作者看到，本地人的因素确实对他的施政行为产生了额外的约束。首先，本地籍贯使官员对本地的情况更加熟悉，陈宝生表示过作为本地官，他更加了解当地百姓的需求。在访谈中，他谈道："家乡百姓想什么、盼什么，我比别人清楚。"① 第二，出于对家乡的情感，本地官员对当地发展有更加长远的规划，这是普遍的"以晋升为先"的逻辑无法解释的。如，在陈宝生的访谈中，他说过，"对人民群众有真感情，对所任地区的发展就会下真功夫，就不会玩花样的，因为父老乡亲在旁边看着，你是当地人，要对当地的长远发展考虑，要敢于碰硬，更敢于解决深层次的矛盾和问题。在我的任期内，能为兰州面貌的变化做出贡献，对父老乡亲有交代，我不存在干两三年希望赶快换个地方的想法。因此，这几年我们作出的一些决定均考虑得比较长远，没有短期行为"② 。第三，本地籍贯的因素使得官员承受了一种非正

① 《陈宝生纵论治政理事》，http://www.lzbs.com.cn/rb/2006-09/12/content_875119.htm。

② 同上。

式的监督机制。出于对在本家乡声誉的重视，官员不会仅仅把工作重心放在那些凸显政绩的经济指标上，而是会对事关民生的项目有更多的投入。在访谈中，陈宝生提道："因为那么多眼睛看着我，如果不严格要求自己，干事情有这样那样的考虑，乡亲们的'口水'都会把自己'淹死'，这种特殊的监督是一种非常重要的执政动力。"①

6.2　访谈资料

在上一小节中，通过收集、整理、分析二手资料，作者发现，本地籍贯确实会为官员的行为提供一种非正式的约束，促使他们对公共物品给予更多的投入，虽然这样的行为对其晋升没有帮助。然而，仅仅依赖二手材料可能会产生偏误，特别是，官员对记者所表露出的观点可能与其实际想法并不一致，为了避免这一问题，在这一小节中作者将通过访谈进一步揭示本地籍贯官员的行为逻辑。另外，基于上章统计分析的结果，作者发现，经济发展水平与当地公共物品供给水平之间呈显著的正向关系。这说明经济发展状况对当地公共物品供给的影响很大。因此，在选择访谈城市的时候，作者将选取经济发展水平具有差异的城市。同时，由于考虑到不同的行政格局可能也会对非正式制度发挥作用的程度造成影响，在普通的地级市（即宁夏回族自治区固原市、内蒙古自治区兴安盟、浙江省绍兴市）之外，作者还选取了一个省会城市（即江苏省南京市）作为作者的访谈城市。这四个城市具有不同的地理位置、文化传统、经济发展水平，因此较为具有代表性。通过对当地市民进行访谈，作者了解到普通百姓对本地籍贯官员和外地籍贯官员的看法。除此之外，通过对一位地方官员的采访，使作者对本地籍贯因素如

---

① 《陈宝生纵论治政理事》，http://www.lzbs.com.cn/rb/2006 - 09/12/content_875119.htm。

何施政的机制有了更深入的了解。

6.2.1　宁夏回族自治区固原市

作者的第一个访谈对象来自宁夏回族自治区固原市。固原市位于宁夏回族自治区南部，东、南、西三面与甘肃庆阳市环县、镇原县，平凉市崆峒区、华亭县、庄浪县、静宁县，白银市会宁县毗邻；北部同中卫市海原县、吴忠市同心县接壤。总面积 14421 平方千米；总人口 122.82 万人（2011 年 11 月）①。

作者的访谈对象 A 是土生土长的固原人，据她回忆，在 20 世纪八九十年代，固原的官员大多是当地人，由于固原地方不大，大家讲一讲多半也都能沾亲带故。她谈到，那个时候，官员们做什么项目、工程，大都会考虑当地的历史、人情什么的，而且对外面官场的那些坏习惯，并不十分熟悉。那时虽然经济建设没有现在这样快的速度，但是他们感觉那时的生活更加舒服。而近些年来，政府的很多投资使老百姓觉得华而不实，特别是最近市政府要引进一个电解铝项目，名义上是解决用电问题，实际上在民间争议不小，很多人认为这个项目纯粹是"政绩工程"，对当地长远发展没有益处。因为电解铝都是高耗能、高污染的项目。

至于本地人因素发挥作用的机制，访谈对象 A 谈到，无论是官员还是老百姓，大多都是祖祖辈辈生活在固原这样一个圈子里，如果谁做了什么不道德的事情，传得很快。因此，本地官员一般不会去做那些有损当地利益的事情，比如破坏环境什么的，因为这不仅会使他自己抬不起头来，也会连累与他沾亲带故的亲戚。因此，父老乡亲的评价实际上对官员行为造成了一种额外的道德约束。

然而，大约是在 2000 年之后，固原的官员开始从外省引进，访谈对象 A 说，"现在的官员大多是外省派来的，很快就把短平快的方法用到这里。因为我们这里并不适合人居，他们来这里当官，

①　百度百科词条：http://baike.baidu.com/view/6539.htm。

都不会带家眷。真的很难让人信任他们。现在我家也和全国各地一样，大兴土木，卖地、修路、盖房子"。这段话中透露出一个重要的信息，就是外地官员大多不会带家眷过来。这说明，外地籍贯的官员到固原做官，并不是要在这里久居，因此从一开始就是将该地当作一个晋升的跳板。在这个前提下，外地官员当然会尽可能地在最短的时间内做出最光鲜的成绩向上级"邀功"，好尽量早离开这里，而不会去投入那些真正使百姓受益的民生项目了。因此，不难理解为什么外地派来的官员无法让当地百姓信任。

在与访谈对象 A 聊天的过程中，作者还发现了外地官员的另外一个问题，即外地领导在规划城市发展的时候，由于不了解当地的历史、人情，可能会作出引起百姓不满的发展决策。访谈对象 A 的一个例子说明了这一点，她谈道："我们这里缺水，只有河边的地比较肥沃，适合种植蔬菜。我们当地的菜以前都是从那里来的。但是，前几年我回来，发现菜地全被收掉了，变成了绿地公园。现在，我们居然吃的是从南方运来的菜。如果是土生土长的固原人，看到那个菜园子没了，真的会感到心痛的"。

在访谈过程中，访谈对象 A 一直流露出一种对异地为官现象的不解，在她看来，官员必须对当地的风土人情有着足够的了解，才能造福一方。而那些外地官员大多是将任职当作晋升跳板，他们的决策只是为了凸显政绩，而并不会真正体恤百姓的需求。

6.2.2　江苏省南京市

第二个访谈作者选取了中国东部的城市江苏省南京市。南京是江苏省的省会城市，是江苏政治、经济、科教和文化的中心。南京地处中国沿海开放地带与长江流域开发地带的交汇部，是长三角经济核心区的重要区域中心城市。1912 国民政府成立之后，定南京为首都。1949 年南京解放，1953 年 1 月 1 日，江苏省人民政府正式成立，南京为省会。现南京辖玄武、白下、建邺、鼓楼、秦淮、下关、雨花台、栖霞、浦口、江宁、六合 11 个区和溧水、高淳 2

个县①。

作者的访谈对象 B 是南京本地人。她谈到，由于南京是国民党的旧都，新中国成立后，共产党为了对南京实现严格的政治控制，开始任用苏北（江苏北部省份）籍的干部，主要是由于苏北是老解放区，那边的干部受到共产党的信任，这一传统一直延续到现在。而南京本地人对苏北干部的看法普遍较为负面，本地人认为南京的文化是偏"南方"的，而苏北属于"北方"，因此南京人从情感上就对苏北的干部存有排斥。访谈对象 B 谈道："北方来的领导，很难理解当地人民的切身感受。梧桐树和城墙是南京的灵魂，对南京人来说有着非常特殊的意义，然而新中国成立以后政府屡次砍梧桐树、拆城墙，伤害了我们的感情。特别是 90 年代以来，由于官员盲目追求政绩，建新城区，修马路，继续拆城墙，老南京市民对此怨声载道。特别是前几年由于修建新的地铁线路，政府又迁走一批法国梧桐，当时一些南京市民为了抗议，自发地为梧桐树系上了绿色的丝带"。

访谈对象 B 认为，"如果是南京本地土生土长的领导当政，他们的施政方针一定会更好地体现南京文化，不会那么急功近利，不会那么无所顾忌，会更加重视本地人民的感情"。由此看出，普通民众之所以期待更多本地官员当政，是因为本地官员对当地的情况有更深的了解，更加能够理解老百姓的偏好。这种对本地深深的认同感对外地官员来说是很难迅速形成的。

同时，通过南京的例子，本书看出，单单依靠避籍并不能遏制裙带关系和防止腐败，如同访谈对象 B 谈到，南京官场上的苏北干部拉帮结派、搞裙带关系的现象十分严重，这为官员腐败生成土壤。避籍的目的是防止官员因其在家乡的"关系网""人情网"而产生的徇情枉法行为，然而，南京的例子显示出，干部在外地做官，仍然可以通过任用相同籍贯的官员而达到拉帮结派的目的，这

① 南京市政府网站：http：//www.nanjing.gov.cn/njgk/csgk/csgk1/。

一发现有助于作者在本章最后对避籍制度作出反思。

6.2.3　内蒙古自治区兴安盟

第三个访谈作者选取了中国东北城市内蒙古兴安盟。兴安盟位于内蒙古自治区东北部，地处大兴安岭向松嫩平原过渡带，东北、东南分别与黑龙江、吉林两省毗邻；南部、西部、北部分别与通辽市、锡林郭勒盟和呼伦贝尔市相连；西北部与蒙古国接壤，边境线长 126 公里。总面积近 6 万平方公里，总人口 168 万，少数民族人口占 47%，其中蒙古族人口占 42.1%，是全国蒙古族人口比例较高地区。1980 年兴安盟恢复盟建制，现辖两市（乌兰浩特市、阿尔山市）三旗（科尔沁右翼前旗、科尔沁右翼中旗、扎赉特旗）一县（突泉县），其中，阿尔山市和科右前旗为边境旗市，乌兰浩特市为盟委行署所在地①。

作者的访谈对象 C 是兴安盟乌兰浩特市人。由于兴安盟是少数民族聚居的地区，因此该地区本地官员的比例较汉族聚居区来说较高。在聊到本地官员与外地官员的分别时，访谈对象 C 谈道："与外地到我们这任职的官员相比较，我发现本地的官员更关心老百姓的民生问题，比如孩子们能不能上得起学啊，得了病花的钱家庭是否能够承受啊，还有社会保障，退休金的问题，以及我们市重点高中的扩建和搬迁，城市向外拓展的方向等问题"。在谈到对经济建设方面的投入时，访谈对象 C 提出，"本地官员由于同样面临着上级的考核，因此他们当然也会重视吸引投资等能够带动 GDP 的项目，然而，单就吸引外资这一项来说，也能够看出本地官员和外地官员的细微差距：同是引进投资，相比于外地官员，本地官员会更多着眼于那些能够带动居民就业的项目"。

在聊到对外地官员的印象时，访谈对象 C 谈道："外地官员更

---

①　内蒙古兴安盟政府网站：http://www.xinganmeng.gov.cn/zwgk/zjxam/136359.htm。

倾向于将这次任职作为今后升职的一个跳板，一届任期干完，只要离任审计没什么问题就可以走人了；相应地，他的工作也会更多地重视政绩工程。有这样的比较，主要是感觉本地官员在工作中有一种乡情在里面，他的主要社会关系和亲情关系都在当地，自然会对自己城市的健康发展出一份力；不仅如此，由于生于斯长于斯，本地官员也往往更能够看到本地发展的优势，还有需要弥补的弊端，在处理其日常工作的时候也更能够急市民之所急。这些都是外地官员所不具备的优势"。

6.2.4 浙江省绍兴市

在第四个访谈中，作者采访了浙江省绍兴市的一位地方官员（下文中称"访谈对象 D"）。浙江省绍兴市位于浙江省中北部、杭州湾南岸。绍兴东连宁波市；南临台州市和金华市；西接杭州市，北隔钱塘江与嘉兴市相望。绍兴市现下辖越城区、绍兴县、上虞市、嵊州市、新昌县、诸暨市①。

在对这位地方官员的访谈中，他谈到，本地籍贯官员与外地籍贯官员在施政时确有差异，但这种区别并不是直接的。访谈对象 D 讲道："也不是说本地官就一定比外地官好，毕竟，决策还是人自己做出的，只不过在施政过程中，本地的因素会给他一种倾向和约束，使得地域因素会在一定程度上产生影响"。访谈对象 D 所谈到的这种倾向和约束，归纳来说源于以下三种因素：

第一，本地官员对"本地人"身份的认同。访谈对象 D 谈到，虽然一样是当官，但就他自己的体验来说，本地籍贯的官员对自我身份的认同更多的是介于"官"与"民"之间。他谈道："对本地官来说，他们首先认为自己是生活在这块土地上的人，与周围的普通市民没有区别，其次才是掌握了权力的官员"。他认为，这种认同是和本地籍贯分不开的，"说着同样的方言，有着同样的习俗，

---

① 绍兴市政府网站：http：//www.sx.gov.cn。

在生活和交往中有各种交集，同是绍兴人，人们之间其实没有多大的区别。出于这样的身份认同，官员们才会在施政之时考虑一些长远的规划，因为这不是为了'他们'，而是为了'我们'"。

第二，本地官拥有更多接触民情的渠道。访谈对象 D 谈道："在我们这里，如果是外地籍贯的官员，特别是一个地方的高级官员，如果来本地任职，都是享有政府提供的住房和公务车的"。他的体会是，外地来的官员，居住在领导专门的政府大院里，其实也是造成他与当地社会脱节的一个原因。因为上述条件的存在，外籍官员很少有直接接触本地百姓的机会，所得到的民情民意往往是经过筛选或间接的。当地人在非正式场合很少能够遇到外地籍贯的官员。而本地官员则不同，他们生活的圈子和社交的对象基本都是本地的，现实的民情和民生是他们不得不接触到的。

第三，除了晋升激励之外，本地官员受到更广泛意义上的利益驱动的约束。访谈对象 D 谈道，"对于本地官员来说，除了考虑自己仕途上的利益之外，还要考虑包括其家人、朋友在内的群体的利益。当官员因调动或升迁离开当地时，这个群体却还是会留在当地，这就决定了官员不能只考虑自己任内的政绩，而是要保持这个群体的长远利益"。

在这一小节中，通过四个访谈，作者看出，民众普遍认为，本地官员更加了解当地的习俗、文化和风土人情，因此，在做出施政决策时，更能体现当地百姓的偏好，也更加重视那些民生项目。相比于本地官员，外地官员则更多地受晋升激励驱使，作者的访谈对象就多次谈到，外地官员将任职当作升职的跳板，因此他们的目标是在其短暂的任期内凸显政绩。关于本地人因素对官员行为产生约束的机制，从作者的访谈中可以看出，对本地的认同感、乡情、人际网络的道德约束都对本地官员产生了一种无形的影响。由此看来，本地籍贯作为一种非正式制度，确实为官员行为提供了一种额外的约束机制，而这是正式的官员管理制度无法解释的。下一小节里，作者试图将这种本地籍贯的机制理论化。

6.3　本地籍贯的约束机制

　　一般分析官员行为的文献都将官员追求自身利益最大化作为出发点，依照这个理念分析当代中国官员，由于"GDP"是地方官员所面临的所有目标中的"硬指标"，而且容易被量化，因此，经济发展应该成为地方领导所追求的主要目标。从这一逻辑出发，就很难理解为何有些官员会显著地为其辖区提供更多的公共物品，继而无法解释本书的发现。从上两小节的案例中也可以看出，地方领导的朋友认为他将大量财政支出投入到"社会保障"的民生项目，是将钱"打了水漂"，而不能"光灿灿"地"显出政绩"[①]。

　　然而，也有一些理论提出，虽然"所有官员都具有部分的利己倾向，并不意味着他们在自己的行为中从不考虑其他人的利益。甚至，狭义的自私也可能会引导一个人服务于他人的利益，因为这样做更有利于他自己的利益。还有，自利的官员都有多重目标，其中一些目标将使他们在特定的环境下牺牲自己的短期利益来使其他人获利"（唐斯，2006：89）。唐斯的论述给作者的启示是，对"个人利益"的认定不能简单化，他提出了一套官员的"效用职能"，总结了官员的多重目标，这些目标既包括"利己"的成分也包括"利他"的。这些目标都可能是影响官员行为的因素。他假设的目标包括："（1）权力。包括官僚组织内部或外部的权力。（2）金钱收入。（3）声望；（4）便利。这表示对要求增加个人努力的变化的抵制，以及接受减少个人努力的变化的意愿。（5）安全。未来丧失权力、收入、声望或便利的概率比较低。（6）个人忠诚。指官员对自己的工作群体、作为整体的官僚组织、包括官僚组织的更大型组织（政府，如果他在政府官僚组织中工作）或者

---

　　① 《石军：情倾黄河三角洲（书记市长访谈——东营篇）》，http：//www.sdtv.com.cn/lanmu/talk/benqi/200604/3962.htm。

国家的个人忠诚。（7）精通工作的自豪感。（8）为公共利益服务的渴望。这里的"公共利益"，被定义为每一个官员都相信官僚组织应该为履行社会职能尽力。（9）对特定行动计划的承诺。一些人是如此倾注于某项特殊政策，以至于在决定他们的行为时，该政策本身就是一项很有意义的动力。"（唐斯，2007：85）唐斯认为，前面五项目标（权力、金钱收入、声望、便利和安全）可以认为是"纯"个人利益的表现。忠诚可能或者是部分自利的，或者几乎完全是利他的，这要依目标而定。精通工作的自豪感也属于"混合的"动机。为公共利益服务的渴望几乎纯粹是利他的。对计划的承诺是模糊的，因为它可能仅仅基于个人认同（自我利益），或者是由两种情况共同引起。

　　本章的案例分析显示出，本地籍贯的官员会为其辖区投入更多的公共物品，尽管这种行为不会为其在自上而下的考核机制中加分，甚至可能会对其仕途发展起到负面作用。在这种情况下，本地籍贯仍然作为一种非正式制度塑造了官员的行为。本书认为，这种非正式机制发挥作用的逻辑如下：本地籍贯作为一种非正式制度，改变了官员对利益的判定。现有文献一般都将官员的利益等同于"晋升"①，对于一个理性的官员来说，为了获得晋升的机会，官员会努力完成"目标责任制"中最为上级所看重的指标，也就是那些集中在经济发展上的项目。然而，对那些本地籍贯的官员来说，他们对自身利益的判定是不同的，在晋升之外，其在家乡的声望对他们来说也是一个重要的考量因素。对于本地官员来说，他的"自身利益"构成是晋升和声望并存的，因此，本地籍贯官员在公共物品供给上的行为，相比于那些外地籍贯的干部，才会产生如此显著的差别。换言之，每个官员对"自身利益"都有着一套判定，

　　① Pierre F. Landry, 2008, *Decentralized Authoritarianism in China：the Communist Party's Control of Local Elites in the Post - Mao Era*, Cambridge University Press; Hongbin Li and Li - An Zhou, 2005, "Political Turnover and Economic Performance：the Incentive Role of Personnel Control in China," *Journal of Public Economics* 89（9 - 10）：1743 - 1762.

其中包含"权力""金钱""声望"等几项因素，但是不同官员对各项因素的重视程度是不同的，对于那些在外地任职的官员来说，其对"自身利益"的判定中对"权力"和"金钱"方面赋予的重要性较多，而在"声望"这项上给予的重视程度较低，因为他们在外地任职，乡里乡亲对其产生的约束是有限的，这就使官员的行为完全按照正式的干部人事制度所塑造，即服务于中央定为"硬指标"的优先政策，倾其全力发展当地经济，在这个过程中甚至可能以牺牲当地百姓的切身利益为代价。相比于外地官员，本地官员对"自身利益"的判定是有差别的，虽然总体项目未变，依然是"权力""金钱""声望"，然而，由于他们在本地成长，其行为会受到父老乡亲的评判，这关乎到其本人甚至其家族在当地的声望。如，在作者的案例中，就可以看出，本地的领导会比较顾忌人们的评价，在访谈中，身为兰州本地人的陈宝生就说过，"那么多眼睛看着我……乡亲们的口水都会把自己淹死"①。这说明，在本地领导人的"自身利益"判定里，"权力"和"金钱"两项虽然也是重要的，但是他们为"声望"这一项给予了更多的重视。这就是本地人因素能够对官员行为产生显著约束的原因。

　　本章通过案例研究和访谈资料进一步考察了非正式制度作用的机制。通过分析这两个地级市本地籍贯领导大力发展民生项目的行为以及普通民众对本地官员和外地官员的看法，作者详细说明了非正式制度对官员行为产生影响的机制，从而为实证分析揭示出的因果机制提供了证据。作者认为造成上述差异的原因在于本地官员被更多地嵌入当地人际网络中，对本人及本家族家乡声望的重视促使他们对民生项目有更多投入。随后的最后一章将对本研究作出总结。

---

　　①　《陈宝生纵论治政理事》，http：//www.lzbs.com.cn/rb/2006 – 09/12/content_875119.htm。

第7章 结 论

7.1 研究发现

本书利用 1990—2010 年中国地级市数据系统检验了非正式制度对地方政府行为的影响，特别是领导人籍贯与地方公共物品供给之间的因果关系。本书的实证研究发现：在控制了地方社会经济等方面的因素之后，相比于一个外地籍贯的地级市领导，那些在其籍贯地任职的官员在当地基础教育、公共医疗和环境保护上的投入显著增大。在实证分析之后，作者通过案例分析和访谈进一步探索了非正式制度发挥作用的逻辑。本书认为，本地籍贯作为一种非正式制度对官员行为产生约束的逻辑如下：（1）相对于外地官员，本地官员会更多地被嵌入当地的人际网络里面，这使得他们会更加重视本人及其家族在当地的声望，因而他们会更加有动力对民生项目进行更多投入，从而获得来自"乡亲"的更好的道德评价。这些来自当地社区的道德评价赋予了本地官员一种额外的约束，事实上发挥了实实在在的问责作用，虽然这种问责无法达到像民主国家的选举制那样可以改变官员政治前途的程度，但仍然能在一定程度上调整他们的行为，促使他们做出一些有利于该地区的行为。（2）本地官员本身对家乡存在一种强烈的认同感，虽然其身份是"官"，但本地官员更多地将自己看作是"民"。出于对地方的感情，在施政过程中他们会倾向于作出对民生发展有利的长远计划，而不是仅仅为其晋升服务的短期行为。（3）本地官员对当地的民情民意有更加深入的了解，相比于外地官员，他们的社交圈子基本上都是本地的。因此，本地官更加熟悉当地百姓的需要。另外，通过对比地市级数据和省级数据的实证结果，作者发现，本地籍贯对省级领导人公共物品供给行为的约束小于其对地市级领导人的作用。随着政府层级的升高，辖区领导控制的地域范围也就越大，相应地，领导人对地域的认同感会有所减弱。这说明，非正式制度的约束作用随着行政级别的升高而递减，在较高层级的政府机构，官员行为更多地由正式制度塑造。

对于影响公共物品供给的其他因素，本研究也发现：第一，年龄对基础教育、医疗卫生、环境保护三项财政支出均有显著的正向作用。这显示出随着年龄的增加，官员的晋升空间减小，因此，他们通过推动 GDP 谋求晋升的动力较低，相应地，地方官员会增加那些与晋升考核关系不大的公共品供给水平；第二，领导人的教育程度对教育支出比重有显著的正影响，这表明领导人本身教育程度越高，就更加认同教育会带来积极作用，因此，在其施政时就越重视提高地区内整体教育水平。第三，人均 GDP、城市化和人均 FDI 对上述所有支出指标均有显著的正向作用：一个地级市经济发展程度越高，该市就更加具备财力，因此有条件对公共物品进行更多投入；而随着城市化进程的加快和 FDI 为地方带来更多的资金和技术，当地对配套公共物品供给水平的需求也相应增加。第四，人口结构对于公共品支出取决具体年龄段比重：其中未成年人人口比重的增加意味着该市需要更多的教育资源，因此会引起该市教育支出比重的上涨；而由于老龄人口需要更频繁的医疗服务，因此，一个地级市老年人比重的增加会使得该地方的卫生支出比重有显著提高。

7.2　本书贡献

已有中国研究的文献大多都是从正式制度的角度（人事管理

制度）检验制度对激励地方官员促进经济增长行为的影响，如，人事管理制度如何为地方官员创造标尺竞争的环境，从而保障经济改革的成功。但是，对于同样约束官员行为的非正式制度，现有文献上却考察不足。本书则检验了在正式制度发挥强有力作用的条件下非正式制度对官员行为的约束。本书的结果显示出，在正式制度为主导的前提下，非正式制度仍然显著影响官员行为，因而弥补了现有文献的不足。

同时，在分析领导人籍贯对当地公共品供给作用的过程中，作者也发现了一个当代中国在制度设置上的一个普遍存在的问题。即，中央出于维护政权稳定的目的而建立的制度，在某些情况下可能会对政权本身的合法性构成挑战。以本书涉及的领导人籍贯方面的制度来看，自 2006 年来，中央一直在试图将地方领导回避籍贯制度化，然而，依据本书的发现，一个本地籍贯的官员，虽然其辖区内公共物品和服务的供给水平在正式的考核体系中不占据重要位置，但是本地籍贯的因素却赋予了他一个额外的约束，促使其对教育、医疗、社会保障等有更多投入。这种情况下，本地籍贯实质上充当了一种非正式的问责机制，在客观上缓解了公共物品供给不受重视的现象。然而，避籍制度的进一步制度化则意味着这种非正式问责的逐渐消失。这只会使地方政府盲目追求 "GDP" 的现象更加加剧，从而使得那些 "受民众欢迎而不显示领导政绩" 的民生项目进一步得到忽视。当代避籍制度的主要目的是加强中央对地方的控制、保持政权稳定。但是，出于维护稳定的政策却可能带来相反的后果。一旦公共物品供给水平到达一个低的临界点，公众对政府的质疑可能会威胁到政权的合法性，从而对中央维持社会稳定的首要目标提出挑战。

此外，本书还有以下几个贡献。

第一，本研究显示出，正式制度和非正式制度不是一个非此即彼的故事。Tsai 的研究让人感觉基层村庄是非正式制度主导[1]，而村庄以上的正式政府层级都是正式制度主导[2]。本书的研究发现，即使是在一个正式制度的框架下，非正式制度依然能够发挥显著的作用，同时非正式制度和正式制度之间还存在着互动，这是现有文献没有注意到的。这些发现无疑有利于进一步理解威权国家丰富的制度动态。

第二，现有文献很多都着眼于人事管理制度对官员行为带来的负面作用，如，出于晋升的激励，地方官员过度重视经济发展方面的指标，而轻视公共物品供给方面的职责。而本书发现，非正式制度一定程度上抵消了干部人事制度为官员行为带来的负面影响。这使作者对官员行为有了更多层面的理解。

第三，长期以来，很多学者观察到中国政治运行当中有很多"潜规则"[3]，但这些著作没有超越案例研究或者论述的范畴。本书的研究则在一定程度阐明了这些非正式的制度或者规则发挥作用的逻辑。

第四，中国自汉代以来开始实行官员避籍制度，即本地人不得在本地为官，这一制度旨在防止因乡土、亲戚、朋友关系而造成的结党营私[4]，然而这一制度也产生了一些弊端，如官员对当地语言、情况不熟悉，无法作为。而这一问题在历史上也一直争论不休，然而始终没有得到系统的检验，本书则弥补了这一缺陷。

最后，本书在政策层面的贡献如下：2006 年出台的《党政领导干部任职回避暂行规定》第五条规定："领导干部一般不得在本

---

[1] 参见 Lily L. Tsai, 2007, *Accountability without Democracy: Solidary Groups and Public Goods Provision in Rural China*, Cambridge University Press.

[2] 关于公共物品供给的法律法规都是规定县级以上政府的职责，未对基层公共物品供给提出详细规定。

[3] "中国社会在正式规定的各种制度之外，在种种明文规定的背后，实际存在着一个不成文的又获得广泛认可的规矩，一种可以称为内部章程的东西。恰恰是这种东西，而不是冠冕堂皇的正式规定，支配着现实生活的运行。"——吴思（2001：3）

[4] 参见刘建基《中国古代吏治札记》，社会科学文献出版社 2005 年版，第 126 页。

人成长地担任市（地、盟）党委、政府以及纪检机关、组织部门、人民法院、人民检察院、公安部门正职领导成员"。这项规定与在帝制中国朝廷为了防范地方官员权力膨胀的采用"避籍制度" 如出一辙。然而，正如古代的避籍制度可能会带来地方官不了解当地情况，很难有所作为的弊端；当代中国在干部管理上采用的回避制度也带来了一些负面影响。本书的研究发现为干部管理政策制定者提供了一个新的角度。

附　　录

附录一：《党政领导干部任职回避暂行规定》

第一条　为了加强对党政领导干部的管理和监督，保证领导干部公正履行职责，促进党风廉政建设，根据《中华人民共和国公务员法》《党政领导干部选拔任用工作条例》和有关法律法规，制定本规定。

第二条　本规定适用于中共中央、全国人大常委会、国务院、全国政协的工作部门和工作机构的领导成员，上述工作部门和工作机构的内设机构的领导干部；中央纪委和最高人民法院、最高人民检察院的副职领导成员及其机关内设机构的领导干部；县级以上地方党委、人大常委会、政府、政协及其工作部门和工作机构的领导成员，上述工作部门和工作机构的内设机构的领导干部；县级以上地方纪委和人民法院、人民检察院的领导成员及其机关内设机构的领导干部。

第三条　有夫妻关系、直系血亲关系、三代以内旁系血亲关系以及近姻亲关系的，不得在同一机关担任双方直接隶属于同一领导人员的职务或者有直接上下级领导关系的职务，也不得在其中一方担任领导职务的机关从事组织（人事）、纪检（监察）、审计、财务等工作。

第四条　领导干部的配偶、子女及其配偶以独资、合伙或者较大份额参股的方式，经营企业或者举办经营性民办非企业单位的，该领导干部不得在上述企业或者单位的行业监管或者业务主管部门担任领导成员。

第五条　领导干部不得在本人成长地担任县（市）党委、政府以及纪检机关、组织部门、人民法院、人民检察院、公安部门正职领导成员，一般不得在本人成长地担任市（地、盟）党委、政府以及纪检机关、组织部门、人民法院、人民检察院、公安部门正职领导成员。

民族自治地方的少数民族领导干部参照上款规定执行。

第六条　领导干部任职时存在需要回避情况的，按照干部管理权限由组织（人事）部门提出回避意见，报党委（党组）作出决定。必要时，组织（人事）部门可要求领导干部报告拟任职务所需要回避的情况。

第七条　领导干部任职期间出现需要回避情况的，本人应当提出回避申请。所在单位党组织发现其有需要回避情况的应当提出回避建议，按照干部管理权限由组织（人事）部门审核后提出意见，报党委（党组）作出决定。

第八条　个人、组织有权反映领导干部需要回避的情况，接到反映的机关应当按照干部管理权限交有关组织（人事）部门处理。

第九条　出现本规定第三条所列需要回避情形时，职务层次不同的，一般由职务层次较低的一方回避；职务层次相当的，根据工作需要和实际情况决定其中一方回避。

第十条　实行回避需要跨地区跨部门调整、按照干部管理权限本级难以安排的，报请上级组织（人事）部门协调解决。

第十一条　经人民代表大会选举产生的领导干部需要实行地域回避的，根据实际情况，可以在任期内调整的，在任期内予以调整；任期内难以调整的，任期届满后予以调整。

第十二条　组织（人事）部门提出回避意见报党委（党组）决定前，可以听取领导干部本人及相关人员的意见。

第十三条　领导干部有需要回避的情况不及时报告或者有意隐

瞒的，应当予以批评，情节严重的进行组织处理。

第十四条　领导干部必须服从回避决定。无正当理由拒不服从的，就地免职或者降职使用。

第十五条　除本规定第三条、第四条、第五条所列情形外，法律法规对领导干部任职回避另有规定的，从其规定。

国家驻外机构领导干部的任职回避，由有关部门另行规定。

第十六条　各级党委（党组）及其组织（人事）部门按照干部管理权限，负责本规定的组织实施，对执行党政领导干部任职回避制度的情况进行监督，对违反本规定的行为予以纠正。

第十七条　工会、共青团、妇联等人民团体和县级以上党政机关所属事业单位领导干部的任职回避，参照本规定执行。

第十八条　乡（镇、街道）领导干部的任职回避办法，由省（自治区、直辖市）党委根据本规定制定。

第十九条　本规定由中共中央组织部负责解释。

第二十条　本规定自发布之日起施行。

（新华社北京 8 月 6 日电）

《人民日报》（2006 - 08 - 07，第 08 版）

http：//politics. people. com. cn/GB/1026/4671268. html.

附录二：石军简历

来源：http：//politics. people. com. cn/GB/41223/14770540. html。

男，汉族，1952 年 11 月生，山东利津人，1973 年 12 月加入中国共产党，1970 年 12 月参加工作，研究生学历，法学专业，法学博士。

1970 年 12 月，山东省利津县农机厂职工；

1972 年 9 月，山东省机械工业学校学习；

1974 年 7 月，山东省机械工业学校团委副书记、书记；

1979年10月，山东省经委企业管理处正科级干部（其间：1980年9月至1982年6月在山东省委党校干部专修科政治理论专业学习）；

1984年2月，山东省经委企业管理处副处长；

1985年3月，山东省经委机关党委副书记、企管处副处长；

1987年11月，山东省经委经济综合处副处长；

1988年10月，山东省经委办公室主任；

1990年12月，山东省经委党组成员、办公室主任；

1991年6月，山东省经委副主任（其间：1992年8月至1994年12月在山东大学在职研究生班法学专业学习，获法学硕士学位；1993年9月至1994年7月在中央党校中青年干部培训班学习；1995年10月至1997年4月挂职任山东省泰安市委副书记）；

1997年12月，山东省东营市委副书记、代市长；

1998年2月，山东省东营市委副书记、市长（1996年9月至1999年6月在山东大学国政学院科学社会主义专业在职学习，获法学博士学位）；

2001年1月，山东省东营市委书记；

2003年2月，山东省东营市委书记、市人大常委会主任；

2006年10月，甘肃省副省长、省政府党组成员；

2008年1月27日，省十一届人大一次会议选举为甘肃省副省长。

党的十六大代表。第九届全国人大代表。第十一届省委委员。

附录三：陈宝生简历

来源：http://leaders. people. com. cn/GB/58318/58458/98160/98170/ 6164677. html。

陈宝生，男，汉族，1956年5月生，甘肃兰州人，1984年11月加入中国共产党，1974年5月参加工作，中央党校研究生学历，政治学专业，经济学学士，副研究员。

1974 年 5 月，兰州市榆中县小康营公社插队知青；

1975 年 12 月，兰州市榆中县邮电局机线员；

1978 年 9 月，北京大学经济系政治经济学专业学习；

1982 年 8 月，甘肃省商业厅组技处干事；

1983 年 11 月，甘肃省商业厅政策研究室副主任；

1985 年 1 月，甘肃省委经济部办公室副主任；

1986 年 9 月，甘肃省委经济部调研处处长、甘肃省政府办公厅政策研究室副主任；

1988 年 11 月，甘肃省政府经济技术社会发展研究中心政策研究室主任；

1989 年 8 月，甘肃省政府经济技术社会发展研究中心副地级政策研究员；

1991 年 6 月，甘肃省政府发展研究中心副主任；

1994 年 4 月，甘肃省政府发展研究中心（研究室）主任；

1996 年 11 月，甘肃省政府副秘书长、办公厅党组成员，甘肃省政府发展研究中心（研究室）主任；

1999 年 1 月，酒泉地委书记；

2002 年 4 月，甘肃省委常委、宣传部部长；

2003 年 12 月，甘肃省委常委、宣传部部长兼甘肃省社科联主席；

2004 年 11 月，甘肃省委常委、兰州市委书记兼甘肃省社科联主席；

2005 年 3 月，甘肃省委常委、兰州市委书记、市人大常委会主任兼甘肃省社科联主席（2002 年 9 月至 2005 年 7 月在中央党校在职研究生班政治学专业学习）；

2005 年 8 月，甘肃省委常委、兰州市委书记、市人大常委会主任；

2007 年 2 月，当选兰州市委书记；

2008 年 5 月，任中央党校副校长；

2008 年 7 月起不再担任中共兰州市委书记、常委、委员职务。

（人民网资料　截至 2008 年 7 月）

参考文献

英文文献

Axelrod Robert, 1986, "An Evolutionary Approach to Norms," *The American Political Science Review*, Vol. 80, No. 4 (Dec. 1986), pp. 1095 – 1111.

Bian Yanjie, 1997, "Bringing Strong Ties Back in: Indirect Ties, Network Bridges, and Job Searches in China," *American Sociological Review* 62 (3): 366 – 385.

Blanchard Olivier and Andrei Shleifer, 2001, "Federalism With and Without Political Centralization: China Versus Russia," IMF Staff Papers, *Palgrave Macmillan Journals* 48 (4).

Bo Zhiyue, 2002, *Chinese Provincial Leaders: Economic Performance and Political Mobility since* 1949, Armonk, N. Y. : M. E. Sharpe.

Boix Carles, 2001, "Democracy, Development, and the Public Sector," *American Journal of Political Science* 45 (1): 1 – 17.

Bratton Michael, 2007, "Formal versus Informal Institutions in Africa," *Journal of Democracy* 18 (3): 96 – 110.

Brown David S. and Wendy Hunter, 1999, "Democracy and Social Spending in Latin America, 1980 – 1992," *The American Political Science Review* 93 (4): 779 – 790.

Burgess Robin, R′emi Jedwab, Edward Miguel, and Ameet Morjaria, 2009, "Our Turn To Eat: The Political Economy of Roads in Kenya," *Working paper.*

Carey John M., 2000, "Parchment, Equilibria, and Institutions," *Comparative Political Studies* 33 (6−7): 735−761.

Chen Jie and Narisong Huhe, 2010, "Social Networks, Informal Accountability, and Public Goods Provision in Rural China: A Reassessment," *SSRN eLibrary.*

Chen Ping, 1993, "Chinas Challenge to Economic Orthodoxy: Asian Reform as an Evolutionary, Self−Organizing Process," *China Economic Review* 4 (2): 137−142.

Ciarleglio Matthew, 2008, "Predicting State Allocation of Funds: The Case of John Rowland and his Hometown of Waterbury, Connecticut," *University of Connecticut.*

Cox Gary W. and Mathew D. McCubbins, 1986, "Electoral Politics as a Redistributive Game," *The Journal of Politics* 48 (2): 370−389.

Crawford Sue E. S., and Elinor Ostrom, 1995, "A Grammar of Institutions," *The American Political Science Review* 89 (3): 582—600.

Deacon Robert, 2009, "Public Good Provision under Dictatorship and Democracy," *Public Choice* 139 (1): 241−262.

Dittmer L., H. Fukui and P. N. S. Lee, 2000, *Informal politics in East Asia*, Cambridge University Press.

Dittmer Lowell and Lu Xiaobo, 1996, "Personal Politics in the Chinese Danwei under Reform," *Asian Survey* 36 (3): 246−267.

Dittmer Lowell, and Xiaobo Lu, 1996, "Personal Politics in the Chinese Danwei under Reform," *Asian Survey* 36 (3): 246−267.

Dittmer Lowell, 1995, "Chinese Informal Politics," *The China Journal* 34: 1−34.

Dixit Avinash and John Londregan, 1996, "The Determinants of

Success of Special Interests in Redistributive Politics," *The Journal of Politics* 58 (4): 1132 – 1155.

Edin Maria, 2003, "State Capacity and Local Agent Control in China: CCP Cadre Management from a Township Perspective," *The China Quarterly* (173): 35 – 52.

Ellickson Robert C., 1991, *Order without Law: How Neighbors Settle Disputes*, Mass. : Harvard University Press.

Fearon James D., Kimuli Kasara and David D. Laitin, 2007, "Ethnic Minority Rule and Civil War Onset," *American Political Science Review* 101 (01): 187 – 193.

Franck Raphaël and Ilia Rainer, 2012, "Does the Leader's Ethnicity Matter? Ethnic Favoritism, Education and Health in Sub – Saharan Africa," *American Political Science Review* 106: 294 – 325.

Freedman Maurice, 1965, *Lineage Organization in Southeastern China*, London: University Athlone Press.

Freedman Maurice, 1966, *Chinese Lineage and Society: Fukien and Kwangtung*, New York: Humaniies Press.

Gernet Jacques, 1968, *Ancient China from the beginnings to the Empire*, University of California Press.

Goode W. J, 1979, *The Celebration of Heroes: Prestige as a Control System*, University of California Press.

Guo Gang, 2009, "China's Local Political Budget Cycles," *American Journal of Political Science* 53 (3): 621 – 632.

Guo Xuezhi, 2001, "Dimensions of Guanxi in Chinese Elite Politics," *The China Journal* 46: 69 – 90.

Kung James Kai – sing, and Shuo Chen, 2011, "The Tragedy of the Nomenklatura: Career Incentives and Political Radicalism during China's Great Leap Famine," *American Political Science Review* 105: 27 – 45.

Harasymiw Bohdan, 1969, "Nomenklatura: The Soviet Communist Party's Leadership Recruitment System," *Canadian Journal of Political Science* 2 (4): 493 – 512.

Helmke G. and S. Levitsky, 2006, *Informal Institutions and Democracy: Lessons from Latin America*, Johns Hopkins University Press.

Helmke Gretchen and Steven Levitsky, 2004, "Informal Institutions and Comparative Politics: A Research Agenda," *Perspectives on Politics* 2 (04): 725 – 740.

Huang Yasheng, 1995, "Administrative Monitoring in China," *The China Quarterly* 143: 828 – 843.

Huang Yasheng, 2002, "Managing Chinese Bureaucrats: An Institutional Economics Perspective," *Political Studies* 50: 61 – 79.

Knight Jack, 1992, *Institutions and Social Conflict*, New York: Cambridge University Press.

La Porta R. , F. Lopez – de – Silanes, A Shleifer, and R Vishny, 1999, "The Quality of Government," *Journal of Law, Economics, and Organization* 15 (1): 222 – 279.

Lake David A. , and Matthew A. Baum, 2001, "The Invisible Hand of Democracy," *Comparative Political Studies* 34 (6): 587 – 621.

Landry Pierre F. , 2008, *Decentralized Authoritarianism in China: the Communist Party's Control of Local Elites in the Post – Mao Era*, Cambridge University Press.

Lattimore Owen, 1937, "Origins of the Great Wall of China: A Frontier Concept in Theory and Practice," *Geographical Review* 27 (4): 529 – 549.

Li David D. , 1998, "Changing Incentives of the Chinese Bureaucracy," *The American Economic Review* 88 (2): 393 – 397.

Li Hongbin, and Li – An Zhou, 2005, "Political Turnover and Economic Performance: the Incentive Role of Personnel Control in China," *Journal of Public Economics* 89 (9 – 10): 1743 – 1762.

Manion Melanie, 1985, "The Cadre Management System, Post – Mao: the Appointment, Promotion, Transfer and Removal of Party and State Leaders," *The China Quarterly* 102: 203 – 233.

Maskin Eric, Yingyi Qian and Chenggang Xu, 2000, "Incentives, Information, and Organizational Form," *Review of Economic Studies* 67 (2): 359 – 378.

Moncrieffe Joy Marie, 1998, "Reconceptualizing Political Accountability," *International Political Science Review* 19 (4): 387—406.

Montinola Gabriella, Yingyi Qian and Barry R. Weingast, 1995, "Federalism, Chinese Style: The Political Basis for Economic Success in China," *World Politics* 48: 50 – 81.

Moser Christine, 2008, "Poverty Reduction, Patronage, or Vote Buying? The Allocation of Public Goods and the 2001 Election in Madagascar," *Economic Development and Cultural Change* 57 (1): 137 – 162.

Nathan Andrew J., 1973, "A Factionalism Model for CCP Politics," *The China Quarterly* 53: 34 – 66.

Nee Victor and Shijin Su, 1996, "Institutions, Social Ties, and Commitment in China's Corporatist Transformation," In *Reforming Asian Socialism: the Growth of Market Institutions*, eds. John McMillan and Barry Naughton. Ann Arbor: The University of Michigan Press.

Nguyen Kieu – Trang, Quoc – Anh Do and Anh Tran, 2011, "One Mandarin Benefits the Whole Clan: Hometown Infrastructure and Nepotism in an Autocracy," *Working paper*.

North Douglass C., 1990, *Institutions, Institutional Change, and Economic Performance*, New York: Cambridge University Press

North Douglass C. , 1991, "Institutions," *The Journal of Economic Perspectives* 5 (1): 97 – 112.

O'Brien Kevin J. and Lianjiang Li, 1999, "Selective Policy Implementation in Rural China," *Comparative Politics* 31 (2): 167 – 186.

O'Donnell Guillermo, 1996, "Illusions about Consolidation," *Journal of Democracy* 7 (2): 34 – 51.

Oi Jean C, 1985, "Communism and Clientelism: Rural Politics in China," *World Politics* 37 (2): 238 – 266.

Olson Mancur, 1993, "Dictatorship, Democracy, and Development," *The American Political Science Review* 87 (3): 567 – 576.

Pejovich Svetozar, 1999, "The Effects of the Interaction of Formal and Informal Institutions on Social Stability and Economic Development," *Journal of Markets & Morality* 2 (2): 164 – 181.

Peng Yusheng, 2004, "Kinship Networks and Entrepreneurs in China's Transitional Economy," *American Journal of Sociology* 109 (5): 1045 – 1074.

Peng Yusheng, 2010, "When Formal Laws and Informal Norms Collide: Lineage Networks versus Birth Control Policy in China," *American Journal of Sociology* 116 (3): 770 – 805.

Persson Petra and Ekaterina V. Zhuravskaya, 2011, "Elite Capture in the Absence of Democracy: Evidence from Backgrounds of Chinese Provincial Leaders," *SSRN eLibrary*.

Qian Yingyi and Chenggang Xu, 1993, "Why China's economic reforms differ: the M – form hierarchy and entry/expansion of the non – state sector," *Economics of Transition* 1: 135 – 170.

Qian Yingyi and Barry R. Weingast, 1996, "China's Transition to Markets: Market – Preserving Federalism, Chinese Style," *Journal of Policy Reform* 1: 149 – 185.

Qian Yingyi and Gérard Roland, 1998, "Federalism and the Soft Budget Constraint," *American Economic Review*: December 1998, 88 (5): 1143—1162.

Qian Yingyi, 2002, "How Reform Worked in China," *William Davidson Institute Working Paper*: Number 473.

Riches David, 1984, "Hunting, Herding and Potlatching: Towards a Sociological Account of Prestige," *Man* 19 (2): 234 – 251.

Ross Michael, 2006, "Is Democracy Good for the Poor?" *American Journal of Political Science* 50 (4): 860 – 874.

Saich Tony, 2002, "The Blind Man and the Elephant: Analysing the Local State in China," In *East Asian Capitalism: Conflicts, Growth and Crisis*, ed. Tomba Luigi, Milano: Feltrinelli.

Sheng Yumin, 2005, "Central – Provincial Relations at the CCP Central Committees: Institutions, Measurement and Empirical Trends, 1978 – 2002," *The China Quarterly* 182: 338 – 355.

Shirk Susan L. , 1994, *How China Opened Its Door: the Political Success of the PRC's Foreign Trade and Investment Reforms*, Washington, D. C. : Brookings Institution.

Shleifer Andrei and Treisman Daniel, 1999, *Without a Map: Political Tactics and Economic Reform in Russia*, Cambridge MA: MIT Press.

Stasavage David, 2005, "Democracy and Education Spending in Africa," *American Journal of Political Science* 49 (2): 343 – 358.

Treisman Daniel, 1999, *After the Deluge: Regional Crises and Political Consolidation in Russia*, Ann Arbor: University of Michigan Press.

Tsai Lily L. , 2002, "Cadres, Temple and Lineage Institutions, and Governance in Rural China," *The China Journal* 48: 1 – 27.

Tsai Lily L. , 2007, *Accountability without Democracy: Solidary*

Groups and Public Goods Provision in Rural China, Cambridge University Press.

Tsai Lily L. , 2007, "Solidary Groups, Informal Accountability, and Local Public Goods Provision in Rural China," *American Political Science Review* 101 (02): 355 – 372.

Tsou Tang, 1976, "Prolegomenon to the Study of Informal Groups in CCP Politics," *The China Quarterly* 65: 98 – 117.

Tsui Kai – yuen and Youqiang Wang, 2004, "Between Separate Stoves and a Single Menu: Fiscal Decentralization in China," *The China Quarterly* 177: 71 – 90.

Wang Hongying, 2000, "Informal Institutions and Foreign Investment in China," *The Pacific Review* 13 (4): 525 – 556.

Watson James L. , 1982, "Chinese Kinship Reconsidered: Anthropological Perspectives On Historical Research," *The China Quarterly* 92: 589 – 622.

West Loraine A. and Christine P. W. Wong, 1995, "Fiscal Decentralization and Growing Regional Disparities in Rural China: Some Evidence in the Provision of Social Services," *Oxford Review of Economic Policy* 11 (4): 70 – 84.

Whiting Susan H. , 2001, *Power and Wealth in Rural China: The Political Economy of Institutional Change*, Cambridge University Press.

Wittfogel Karl, 1967, *Oriental Despotism: A Comparative Study of Total Power*, Yale University Press.

Xin Katherine R. and Jone L. Pearce, 1996, "Guanxi: Connections as Substitutes for Formal Institutional Support," *The Academy of Management Journal* 39 (6): 1641 – 1658.

Xu Chenggang and Juzhong Zhuang, 1998, "Why China Grew: The Role of Decentralization," In *Emergingfrom Communism: Lessons from Russia, China, and Eastern Europe*, eds. Peter Boone, Stanislaw

Gomulka, and Richard Layard. Cambridge：MIT Press.

Xu Chenggang, 2011, "The Fundamental Institutions of China's Reforms and Development," *Journal of Economic Literature* 49 （4）: 1076 – 1151.

Yan Yunxiang, 1996, *The Flow of Gifts*：*Reciprocity and Social Networks in a Chinese Village*, Stanford University Press.

Yang Mayfair Mei – hui, 1994, *Gifts, Favors, and Banquets*：*the Art of Social Relationships in China*, Cornell University Press.

Zhang Weiguo, 1999, "Implementation of State Family Planning Programmes in a Northern Chinese Village," *The China Quarterly* 157: 202 – 230.

Zhang Xiaobo, Shenggen Fan, Linxiu Zhang and Jikun Huang, 2004, "Local Governance and Public Goods Provision in Rural China," *Journal of Public Economics* 88 （12）: 2857—2871.

Zhou Xueguang, 2010, "The Institutional Logic of Collusion among Local Governments in China," *Modern China* 36 （1）: 47 – 78.

Zhuravskaya Ekaterina V., 2000, "Incentives to Provide Local Public Goods：Fiscal Federalism, Russian Style," *Journal of Public Economics* 76 （3）: 337 – 368.

中文文献

罗伯特·C. 埃里克森：《无需法律的秩序：邻人如何解决纠纷》，苏力译，中国政法大学出版社 2003 年版。

陈硕，2010，《分税制改革、地方财政自主权与公共品供给》，《经济学》（季刊）4。

傅勇，2007，《中国式分权、地方财政模式与公共物品供给：理论与实证研究》，复旦大学博士论文。

傅勇、张晏，2007，《中国式分权与财政支出结构偏向：为增长而竞争的代价》，《管理世界》2007 年第 3 期。

寒天主编，1999，《领导干部考察考核实用全书》，北京：中国人事出版社。

江波，2002，《体制分析与体制选择：中国第三产业中的公共服务与准公共服务》，北京：中国物资出版社。

李侃如，杨淑娟译，1998，《治理中国：从革命到改革》，台北："国立"编译馆。

李萍主编，许宏才、李承副主编，2010，《财政体制简明图解》，北京：中国财政经济出版社。

李曙光，2000，《晚清职官法研究》，北京：中国政法大学出版社。

联合国，2000，《中国人类发展报告》。

刘嘉林、何宪主编，1990，《回避制度讲析》，北京：中国人事出版社。

刘建基，2005，《中国古代吏治札记》，社会科学文献出版社。

马大正，2002，《中国古代的边疆政策与边疆治理》，《西域研究》。

诺斯·道格拉斯，刘瑞华译，1994，《制度、制度变迁与经济成就》，台北：时报文化出版企业有限公司。

彭玉生，2009，《当正式制度与非正式规范发生冲突：计划生育与宗族网络》，《社会》2009 年第 1 期。

平新乔、白洁，2006，《中国财政分权与地方公共品的供给》，《财贸经济》2006 年第 2 期。

蒲坚，1990，《中国古代行政立法》，北京：北京大学出版社。

任剑涛，2010，《党权、异地任职与中央控制——从三个案例看地方治理的权力畸变与制度矫正》，《江苏社会科学》2010 年第 6 期。

宋立、刘树杰主编，《各级政府公共服务事权财权配置》，北京：中国计划出版社 2005。

孙秀林，2011，《华南的村治与宗族——一个功能主义的分析路径》，《社会学研究》2011 年第 1 期。

汤大华、毛寿龙、宁宇、薛亮，《市政府管理：廊坊市调查》，北京：中国广播电视出版社。

唐斯·安东尼，郭小聪等译，郭小聪、李学校，2006，北京：中国人民大学出版社。

王沪宁，1991，《当代中国村落家族文化——对中国社会现代化的一项探索》，上海：上海人民出版社。

王世磊、张军，2008，《中国地方官员为什么要改善基础设施？——一个关于官员激励机制的模型》，《经济学》2008 年第 1 期。

吴思，2009，《潜规则：中国历史中的真实游戏》，复旦大学出版社。

肖唐镖、幸珍宁，1997，《江西农村宗族情况考察》《社会学研究》1997 年第 4 期。

谢庆奎、杨凤春、燕继荣，2005，《中国大陆政府与政治》. 台北：五南图书出版股份有限公司。

溪流，2002，《中国公务员制度》，北京：清华大学出版社。

许倬云、程农、张鸣译，1998，《汉代农业：早期中国农业经济的形成》，南京：江苏人民出版社。

徐银华、石佑启、杨勇萍著，2005，《公务员法新论》，北京：北京大学出版社。

严耕望，1984，《中国地方行政制度史》台北版；安作璋、熊铁基：《秦汉官制史稿》第三编二章，齐鲁书社。

杨美惠、赵旭东、孙珉合译，张跃宏译校，2009，《礼物、关系学与国家：中国人际关系与主体性建构》，南京：江苏人民出版社。

杨仕兵，2010，《公共物品供给法律制度研究》，北京：中国检察出版社。

于建嵘、李连江，2007，《县政改革与中国政治发展》，《领导者》第十八期。

余华青主编，2007，《中国古代廉政制度史》，上海：上海人民出版社。

张厚安、徐勇、项继权等，2000，《中国农村村级治理：22个村的调查与比较》，武汉：华中师范大学出版社。

张军、高远、傅勇、张弘，2007，《中国为什么拥有了良好的基础设施？》，《经济研究》2007年第3期。

钟开斌，2009，《中国中央与地方关系基本判断：一项研究综述》，《上海行政学院学报》2009年第3期。

钟雯彬，2008，《公共产品法律调整研究》，北京：法律出版社。

周平主编，2007，《当代中国地方政府》，北京：人民出版社。

《中国城市统计年鉴》

《地市县财政统计资料汇编》

《中国区域经济统计年鉴》

各省《年鉴》

《中国财政年鉴》（财政部出版社）

《中国商务年鉴》（中国商务出版社）

史书典籍

《册府元龟》卷630

《古今图书集成·诠衡典》卷11

《古今图书集成·诠衡典》卷11

《后汉书·蔡邕传》

《金史》卷五四《选举四》

《明史》卷七一《选举三》

《清通考》卷56

《日知录》卷八吏胥条

《唐会要》卷75

《文献考·职官十七》

《续文献通考》卷四四

《元典章》卷八

《元典章》卷八

《元典章》卷八

《元史》卷一〇二《刑法一》

法律法规

《党政领导干部任职回避暂行规定》

《党政领导干部选拔任用工作条例》

《公务员回避规定（试行）》，2012 年 2 月

《党政领导干部任职回避暂行规定》，http：//politics. people. com. cn/GB/1026/4671268. html，《人民日报》（2006 – 08 – 07 第 08 版）

《医疗机构管理条例》

《中共中央、国务院关于加强社会治安综合治理的决定》

《中华人民共和国地方各级人民代表大会和地方各级人民政府组织法》

《中华人民共和国公路法》

《中华人民共和国公务员法》

《中华人民共和国环境保护法》

《中华人民共和国教育法》

《国家公务员暂行条例》1993

《关于建立国家行政机关工作人员岗位责任制的通知》1982，劳动人事部

《关于贯彻落实国务院加强环境保护重点工作文件的意见》，2012，北京市

《中华人民共和国宪法》，http：//www. gov. cn/gongbao/content/2004/content_ 62714. htm

《关于地市州党政机关机构改革若干问题的通知》，http：//law. 51labour. com/lawshow – 40353. html

媒体资源

China Data Online（中国数据在线）：http：//chinadataon-line. org/index. asp.

王汝堂：《要让农民吃得好住得好　山东北大荒追梦新农村》，http：//business. sohu. com/20060715/n244273418. shtml。

刘加增、魏东、李海燕：《社会主义新农村的雏形——东营统筹城乡发展的意义》，http：//www. dzwww. com/xinwen/xin-wenzhuanti/xky/xg/200509/t20050908_ 1185543. htm。

杨进欣：《山东东营：构建农民社会保障救助体系》，http：//news. xinhuanet. com/employment/2005 – 09/11/content_ 3474753. htm。

《石军：情倾黄河三角洲（书记市长访谈——东营篇）》，ht-tp：//www. sdtv. com. cn/lanmu/talk/benqi/200604/3962. htm。

《兰州城乡社会救助全覆盖　明年低保提高10％》，http：//www. gs. xinhuanet. com/news/2007 – 01/17/content_ 9063785. htm。

《甘肃省委常委、兰州市委书记陈宝生央视细说治庸》，ht-tp：//www. tianshui. com. cn/news/lz/2006040112183157653. htm。

《陈宝生纵论治政理事》，http：//www. lzbs. com. cn/rb/2006 – 09/12/content_ 875119. htm。

《PM2. 5指标将定京官员仕途，环保不达标一票否决》，ht-tp：//news. cn. yahoo. com/ypen/20120217/868803. html。

张占斌：《中国市管县体制实施25年：强县扩权陷困局》，《决策》杂志2008年1月，http：//news. sina. com. cn/c/2008 – 01 – 28/160214845833. shtml。

瞭望新闻周刊：《公共服务差距紧逼财政改革》，http：//news. 163. com/05/0328/13/1FUG6VVI0001124T_ 2. html。

国家统计局设管司：《最新县及县以上行政区划代码（截至2011年10月31日）》，http：//www. stats. gov. cn/tjbz/xzqhdm/t20120105_ 402777427. htm。

后　记

　　现有中国研究的文献大多都是从正式制度的角度（即，人事管理制度）检验制度对激励地方官员促进经济增长行为的影响，如，人事管理制度如何为地方官员创造了标尺竞争的环境，从而保障了经济改革的成功。但是，对于同样约束官员行为的非正式制度，现有文献上却考察不足。本书则检验了在正式制度发挥强有力作用的条件下非正式制度对官员行为的约束。本书的定量研究结果显示出，在正式制度为主导的前提下，非正式制度仍然显著影响官员行为，这一发现弥补了现有文献的不足。本书对非正式制度及两种制度互动的考察凸显出转型国家内部官员行为丰富的制度动态。

　　本人于 2009 年至 2012 年间在香港中文大学政治与行政学系攻读博士学位，本书是基于我的博士论文写成。在本书出版之际，我特别要感谢我的导师李连江教授在我就读博士三年期间给予我的学业上的指导以及生活上的启发。感谢吴逢时教授、詹晶教授、蔡永顺教授为本研究提出宝贵意见。感谢香港中文大学政治与行政学系、香港中文大学中国研究服务中心、华东师范大学公共管理学院为我提供的研究平台。感谢中国社会科学出版社冯春凤编辑的精心制作。另外，本研究得到了李连江教授主持的研究项目（CU-HK446513、CUHK14613815）的支持，谨此致谢。

王芳

2017 年 10 月 31 日